지상의 마지막 집

김 원 시집

도서출판
경남

시인의 말

지상의 마지막 집

세 번째 시집을 냅니다.

첫 시집 《물같이 고인 시간》에 이어 두 번째 시집 《바다에 오니 산이 보이네》를 낸 지 6년 만에 이번 세 번째 시집 《지상의 마지막 집》을 냅니다. 세 권의 시집 이름을 연결하여보니 여기까지 내가 걸어온 길을 말하는 듯도 합니다.

이 시집에 실린 160편의 시들 대부분은 통영이란 지상에서 보기 드문 아름다운 곳에서 조그만 농막을 지어 아내와 같이 텃밭을 가꾸면서 순박한 이웃들과 정을 나누는 이야기들입니다.

농막에 딸린 조그만 정원과 텃밭이 우리의 생활공간입니다. 매화가 피고 나서부터 국화가 질 때까지 하루도 꽃 없는 날이 없는 집에서 우리 부부가 이를 가꾸는 일이 바로 일상의 즐거움이요, 일용할 양식을 구하는 땀 흘리는 노동이요, 지난날 가슴에 제초제 같은 독을 품고 살아오며 망가진 몸과 마음을 치유하는 일입니다. 이것은 바로 오랫동안 문명에 적응하려고 애쓰면서 잃어버렸던 나를 비로소 자연에 적응하며 찾아가고 있는 것입니다. 지난 모든 걸 이해하고 용서하고 받아들이는 관용의 바다와 같은 평안을 얻어가는 과정입니다.

우리가 아는 가장 식물적인 동물, 누에를 생각해 봅니다. 그 시퍼런 날것의 뽕잎을 왕성한 식욕으로 모두 자기 것으로 소화한 다음, 나비로 우화등선하기 전에 제 몸을 실꾸리 풀듯 고운 명주실로 뽑아내는 누에, 시도 그런 것이 아닌가 생각합니다. 세상을 살아오면서 나의 펄펄 살아 풀어헤친 칡넝쿨 같은 언어들을 숨죽인 원고지에 명주실 풀어내듯 시를 쓰고 있습니다. 만약 나에게 이 시가 없었다면 지난날들이 얼마나 무의미하여 이 아득히 저물어 오는 시간 앞에서 얼마나 막막하고 외로울까 하는 생각을 해 봅니다.

이 시를 쓰는 곁에서 지상의 마지막 집을 떠나 영원히 살 하늘의 집으로 돌아갈 준비를 하며 성경을 읽는 아내와, 일 년에 한 두 번 찾아와서 세상의 기쁨을 주고 가는 두 딸과 두 사위가 있어 이 시집이 더욱 소중하고 애틋합니다. 그래서 이 시집이 내가 이 땅에서 내는 마지막 시집일지라도 아쉬움이 없습니다.

2015년 8월
통영 와소옥蛙笑屋에서
제산하諸山下 김 원

차례

제2부 붉은 바다

제3부 참깨 터는 소리

제4부 백수가 백수에게

제5부 하늘로 가는 이사

제6부 청산도

제7부 군내와 향내

제8부 가야금 탄주

제9부 꽃 타령

제10부 묘작도

정원에서 저녁밥을 먹으며

정원에서 저녁밥을 먹으며

아내와 정원에서 저녁밥을 먹습니다.
여름내 쳐두었던 차양을 걷어내자
비로소 가을 하늘이 마음껏 높습니다.
노을에 붉게 물든 상기된 과일들이
반가운 얼굴같이 가지마다 웃는데
곁에는 코스모스가 시중들고 있습니다.

드디어 등 올리듯 동산에 달이 뜨면
일제히 악기 들고 연주하는 풀벌레들
바다도 돌아누우며 싱긋이 웃습니다.
지난봄 손수 담근 잘 익은 매실주를
첫 만남 그날같이 아내와 건배하니
하늘에 부딪치듯이 유리잔이 울립니다.

절망의 한 시대를 넘어온 우리 내외
이제야 한숨 돌린 물가에 편히 앉아
마지막 만찬을 들듯 가을밤이 깊습니다.
이제는 반주에도 흔들리는 나의 걸음
아내의 부축으로 잠자리에 드는 밤은
조그만 나의 농막이 무덤처럼 편합니다.

호랑가시나무

대문 옆 굳게 섰던 호랑가시나무를
톱으로 잘라내어 마당가에 두었더니
몸통에 달린 잎들이 여름내 푸르더라.
잡귀를 막으려고 집 지을 때 심은 나무
어느새 집 높이의 고목이 되었지만
이제는 꽃도 열매도 볼품없어 베었다.

밑둥이 잘려져서 나자빠진 나무에
끝까지 달라붙어 나풀대는 잎들이
숨 거둔 어머니 젖을 물고 있는 아이더라.
여름내 통나무는 마당가에 누운 채
죽어서도 안 죽은 듯 제 잎을 살리더니
결국은 가을이 오자 잎을 놓고 말았다.
서양선 성탄절에 축복받는 이 나무가
어쩌다 이 땅에 와 무지한 주인에게
결국은 순교하듯이 넘어지고 말았다.

지상의 마지막 집

먼 길을 돌아와서 홀연히 돌아보니
물 건넌 듯 가깝고 어젠 듯 뚜렷한데
어느새 날이 저물고 더 갈 수 없습니다.
죄짓고 돌아온 몸 감싸준 은혜같이
예까지 데려다 준 손길에 감사하며
지상의 마지막 집에 등불 하나 밝힙니다.

조그만 나무 의자 아내와 둘이 앉아
먼 길을 걸어서 온 아픈 다리 쉬면서
바다에 해 지는 모습 꽃 지듯이 보다가,
비로소 내 싣고 갈 조그만 배 한 척이
자욱한 안개 속을 건너오는 꿈을 꾸며
조용히 눈을 감고서 잠이 드는 밤입니다.

험한 길 돌고 돌아 찾아온 농막이니
찾아올 사람 없고 찾을 곳 더욱 없어
마지막 남은 시간을 집과 같이 늙다가
발갛게 노을 고운 가을날 어느 저녁
아내와 자는 듯이 나란히 누운 채로
모닥불 사그라지듯 눈을 감고 싶습니다.

하늘엔 땅보다도 더 고운 집이 있어
창마다 불 밝히는 하늘나라 별 마을엔
언젠가 돌아가야 할 우리 집도 있습니다.
땅 위에 불을 끄면 하늘엔 불을 켜니
천상의 우리 집에 불빛이 켜지는 날
지상의 마지막 집은 불을 꺼야 합니다.
불 끄고 눈감으면 열리는 꽃길이여
천상의 노랫소리 꽃 피우듯 길을 열고
저 높이 마중 나오실 얼굴이 있습니다.

뱀의 무덤

내 다시 신혼이 와 새집을 짓게 되면
살구나무 한 그루를 마당가에 심어두고
그 아래 뱀이 살도록 돌무덤을 만들겠네.
할머니의 할머니, 어머니의 어머니가
평생을 부시다가 손 다친 사금파리
깨 버린 사기그릇도 그 위에다 쌓겠네.

아내가 첫애 갖고 신 것을 찾을 때면
그 뱀이 낳은 듯한 풋살구를 따 와서는
달 뜨는 대청에 앉은 아내에게 주겠네.
사랑도 날이 가면 있어도 없는 듯이
서로가 애련하여 정으로 사는 부부
헤어질 시간이 옴을 짐작으로 알 수밖에,

자식들 성장하여 뱀처럼 흩어지고
외로운 석양 아래 아내가 숨 거두면
아내를 그 돌무덤에 고이 묻어 주겠네.
머리 푼 잡초들이 마당에 가득하고
살구가 그 해처럼 지천으로 열리면
아내가 찾아온 듯이 방문 열어 보겠네.

곱게 핀 국화 위에 서리 내린 어느 아침
마지막 꽃 한 송이 돌무덤 위에 놓고
비로소 허물 벗듯이 나도 이승 떠나겠네.

늙어가는 집

주인이 사는 집을 닮아간다 말하고
그 집도 제 주인을 닮아간다 하지만
사실은 집과 주인이 늙어가는 것이리.
시골로 내려와서 집과 같이 늙어가며
마음에 느닷없이 허깨비가 들었는지
못 다한 사랑 이야기 하나 쓰고 싶구나.

초례청 촛불 끄고 옷고름 풀던 밤에
아내가 사연 있어 홀연히 떠났다면
그 자리 앉은 그대로 나는 늙어가겠네.
꽃 피면 어련 붉다 잎 지면 적막하고
빗소리 발소린 듯 오는 듯 멀어지면
어느덧 미닫이문엔 하마 눈이 내리겠지.

몇 번의 봄여름이 무심히 지나가고
지팡이 짚은 듯이 늙어버린 집이 되니
두 눈도 거미줄 친 듯 흐려지고 있을 즈음,
떠나간 그 사람도 어딘가에 집을 짓고
이 몸을 생각하며 거미같이 늙어서
문밖에 내리는 눈을 보고 있다 믿겠네.

평생을 기다려도 오지 않는 그 사람을
기구한 사연 있어 늦는다고 생각하며
내 눈에 흙을 덮어도 두 눈 감지 않겠네.

낮보다 밤이 밝다

봄밤에 뒤뜰에 핀 배꽃을 보았는가,
대낮에 안 보이다 밤 되어 보이는 꽃
어둠이 밝음보다도 어둡지를 않구나.
수많은 군중 속에 서 본 적이 있는가.
과일 속 씨방같이 꿈꾸듯 고요하니
소요가 고요함보다 시끄럽지 않구나.

유쾌한 웃음 속에 울음을 보았는가,
울 때는 안 보이다 웃을 때 보는 눈물
울음이 웃음보다도 슬프지를 않구나.
늙어서 잘 보이는 얼굴을 보았는가,
젊을 때 안 보이다 늙어서 보는 얼굴
늙음이 젊음보다도 흐리지를 않구나.

나무를 키우며

나무를 자식같이 공들여 키워보면
사람 보기 좋은 대로 자라지 아니하고
나무는 제 좋은 대로 뻗어가고 있더라.

담 넘은 가지 잡아 담 안으로 들이고
굽은 놈 휘어잡아 곧게 묶어 놓아도
오히려 반발하듯이 제 갈 길로 가더라.

꽃 곱고 모양 좋고 열매마저 탐스러운
세상에 그런 나무 어딘들 있을까만
특별히 나의 나무는 그래야만 했다네.

누군가 지나가다 잘 자란 나무 보고
이 나무 키운 이가 누구신가 물으면
점잖게 문 열고 나와 나요 하고 싶었다네.

무화과

태초에 꽃이 있고 열매가 있었더라,
그 꽃은 말씀이요 열매는 은총이니
몸속에 꽃을 피우는 무화과가 있었더라.
잎으로 몸을 가린 향기로운 그늘 뒤에
수줍게 달려있는 무화과 열매들이
엄마의 젖을 물고서 고이 잠든 아이더라.

이슬이 은총처럼 밤새 내린 가지마다
곱게 익은 무화과를 말씀 받듯 따서는
아내의 바구니에다 계란 놓듯 담는다.
꽃 피지 않았으니 벌 나비 오지 않아
무지한 도끼질로 베일 번한 무화과를
그리운 이웃들에게 복음처럼 보낸다.

밤하늘 별자리가 예언처럼 반짝이고
열매를 품에 안고 땅 위에 고이 잠든
어둠 속 무화과나무 성녀같이 곱구나.
무화과가 익으면 가을이 온 것이니
지난해 무화과를 받았던 이웃들이
성급한 전화 성화로 잠 설치는 밤이다.

한 그루 무화과를 심어 둔 것만으로
이 땅의 중심같이 눈부신 가을밤에
하늘의 숱한 별들이 성좌처럼 빛난다.

드디어 강을 건너다

이 남쪽 바닷가는
겨울도 봄날이라
바다 쪽 언덕에는
보리밭이 푸르고
월동의 시금치들이
봄풀처럼 자란다.

권력의 맹수들이
포효하는 산을 넘고
자본의 악어들이
엎드린 늪을 지나
이념의 강을 건너서
이 초원에 닿았다.

초원을 찾아오던
멀고 먼 흙먼지 길
맹수에 쫓기면서
서로 밟혀 넘어지던
그 많은 울음소리는
지금 어디 있는가.

개구리가 웃는 집

개구리가 웃다니
올챙이가 웃을 일
서울생활 30년에
시골로 내려오니
참말로 개구리들이
나를 보고 웃더라.

개구리가 개골개골
우는 줄 알았는데
이제 와 들어보니
가글가글 웃더라,
이순耳順에 귀가 열리니
개구리가 웃더라.

하늘이 흐릴 때는
마음도 흐려지고
울고 있는 마음일 땐
새들도 울더니만
마음이 웃고 있으니
개구리도 웃더라.

벌레 소리 자욱한 적막

우는 게 버릇이 된 딸년 같은 참새보다
아들 놈 퉁명스런 까마귀 울음보다
이름도 모르고 우는 풀벌레 울음소리.

형제같이 울고 가는 기러기 울음보다
부엉부엉 잠꼬대로 울어쌓는 아내보다
얼굴도 모르고 우는 풀벌레 울음소리.

그 많은 울음들이 돌아간 이 가을밤
내 뜰을 찾아와서 밤새워 울고 있는
풀벌레 울음소리가 자욱한 적막이다.

꽃밭에서 마지막을

내 생의 마지막을
꽃밭에서 맞고 싶다.
거짓과 도둑질과
간음과 폭력으로
얼룩진 더러운 몸을
꽃밭에 묻고 싶다.

난생처음 내 아이와
해종일 장난치며
넘어졌다 일어나고
일어났다 넘어지며
내 아이 놀라지 않게
시늉하며 죽고 싶다.

땅에서 손 닿는 것은 나의 것이 아닙니다

정원에 무화과가 탐스럽게 익어가자
지나는 사람들이 걸음을 멈추고서
고것 참 먹음직하다 한 마디씩 하는데,
길가에 달린 과실 괜스레 미안해서
드시고 싶으시면 그냥 따 잡수세요.
밖에서 손닿는 것은 나의 것이 아닙니다.

아무리 내 땅에다 심고 가꾼 나무라도
세상의 욕망으로 익어가는 열매라면
땅에서 손 닿는 것은 나의 것이 아닙니다.
하늘로 올라가는 사다리 같은 나무
그 나무 끝에 달린 하늘 정원 열매라야
땅에서 손 닿지 않는 바로 내 것입니다.

나는 배고프기 위해 먹는다

배부르기 위해서 먹는 밥이 아니라
배고프기 위해서 나는 밥을 먹는다.
배고플 기쁨을 위해 짐승처럼 먹는다.
곡기를 끊고서는 한 열흘 금식하여
포식한 음식물의 독기를 뽑아내야
시퍼런 대나무 같은 식욕이 살아난다.

공중을 나는 새도 속이 항시 비어있고
달리는 짐승 또한 공복에 더 날쌔니
비로소 배가 고파야 살아나는 야성이다
바위에 나와 앉은 배고픈 매와 같이
바람에 귀 열리고 소리에 눈이 밝아
아득한 나의 욕망이 과녁으로 다가온다.

몽돌 밭에서

통영의 추봉도엔 몽돌 밭이 있는데요,
어디서 어떤 길로 찾아온 몽돌들이
고향을 찾아온 듯이 한데 모여 있습니다.
사람이나 짐승이나 살 만큼 살고 나면
어디서 별짓들을 다 하고 살았어도
결국은 한자리에서 만나듯이 말입니다.

거칠고 모난 돌이 둥글게 되기까지
얼마나 시달리고 깎이며 흘렀을까
어릴 적 둥근 얼굴로 되돌아온 몽돌들
따뜻한 몽돌들이 서로 안고 있는 듯이
바다의 젖을 물고 잠꼬대하는 듯이
몸으로 하는 말들이 달밤이면 들립니다.

아버지의 병

겨울을 넘기기가 그렇게 힘들던가,
새봄이 오자마자 시름시름 앓더니
여름에 들어와서는 일어나지 못했다.
병이란 하루 이틀 생긴 것이 아니고
못 먹고 못 입은 채 무겁게 짐 진 몸을
마음이 감당 못 하여 깊어진 것이리라.

마음은 울면서도 얼굴엔 웃음 짓고
눈앞이 깜깜해도 아침이면 해로 뜨고
위기가 기회라면서 다시 서던 아버지.
마흔을 넘기기가 그렇게 힘들던가,
오십이 찾아오자 시름시름 앓더니
육십에 들어와서는 일어나지 못했다.

우리의 아버지가 자리에 눕는 것은
가정의 슬픔이요 시대의 아픔이요
나라의 위기인 것을 모르고서 살았다.
이 가정 이 시대의 나라를 일으키신
아버지를 이어갈 이 땅의 아들딸아
조그만 그 무덤 앞에 오늘 하루 서 보라.

붉은 바다

붉은 바다

봄 오자 저 바다가 또 앓기 시작한다.
적조의 붉은 힘이 춘투같이 밀려오자
용같이 푸른 바다가 뱀처럼 풀어진다.
바다를 신앙하는 바닷가 사람들의
순박한 얼굴들이 무섭게 돌변하여
몸으로 바다를 치며 적조를 쫓고 있다.

겨우내 평온하던 남해의 쪽빛 바다
봄 오자 찾아오는 낯익은 불청객인
연례의 붉은 적조가 이념처럼 번져오자,
바다엔 사이렌이 공습하듯 울리고
붉음을 붉음으로 맞서서 쫓아내듯
피같이 붉은 흙으로 바다를 물들인다.

겉으로 푸르다고 속까지 푸를까만
건강한 푸름이면 붉음이 문제인가
갈수록 허약해지는 저 바다가 걱정이다.
올해도 늙은 산이 수심 어린 얼굴로
무릎 아래 앓고 있는 바다를 보고 앉아
서늘한 손을 내밀어 이마를 짚고 있다.

통영 굴

통영선 굴을 두고 꿀이라 부르면서
바다의 우유라고 말하기도 하는데
참으로 맛은 꿀이요 영양은 우유더라.

청정한 남쪽 바다 자궁 같은 물속에서
해조음을 들으며 고이 자란 살찐 굴을
통영의 아낙네들이 아기처럼 받더라.

전국의 방방곡곡 젖줄같이 뻗은 길을
새벽안개 헤치며 실려 가는 통영 굴이
집집의 아침 밥상에 복음처럼 찾아간다.

세상에 눈 홀리고 혀에 단 먹거리야
영양에 맛을 더한 통영 굴 감칠맛에
눈부신 쪽빛 바다의 풍미마저 더할까.

음악회

아내와 하루 종일 밭에서 일을 하다
서산에 해가 지자 수건 벗어 옷을 털고
저녁엔 비단옷 입고 음악회에 갑니다.
관습의 속박에서 과감히 탈출하여
국경을 넘어가는 세기의 연인같이
석양의 불길 속으로 차를 몰고 갑니다.

통영은 내가 찾은 음악의 항구도시
흰 물결 넘실대는 해안으로 달려가면
미륵산 열린 자락엔 음악당이 있습니다.
음악을 모르고서 자라난 악동들의
무지한 불장난이 불바다로 만들었던
그 바다 다스리시는 신전 같은 음악당.

전쟁의 무기들은 언젠가 악기 되고
이념의 함성들은 반드시 노래 되어
음악은 우리 세상을 평화로 만듭니다.
음악당 문전까지 몰려온 적군들이
스스로 총을 놓고 무릎 꿇고 우는 날
음악이 백만 대군을 압도하고 남습니다.

음악당 안의 일을 밖에서는 모릅니다.
노래하던 사람이 누군가의 총에 맞아
순결한 흰 드레스가 붉은 피로 낭자해도
그것이 이 세상의 마지막 폭력이면
역사적 그 현장에 환호하던 내 모습이
다음 날 조간신문에 난다 해도 좋습니다.

음악당을 나오자 하늘엔 별이 총총
바다는 아이같이 꿈꾸며 잠이 들어
멀리서 뱃고동 소리 바다를 넘어가고,
아내와 어둠 속을 돌아오는 길 위에는
목련꽃 하얀 꽃이 기도하듯 숙연하여
동백꽃 붉은 낙화를 차마 밟지 못합니다.

설엽*을 찾아서

강구안 물결 잦아 배끼리 부딪치고
그 위에 갈매기들 어지럽게 나는 날은
불현듯 설엽을 찾아 미륵산을 넘고 싶다.
세상을 돌아앉은 미륵산 양지자락
평생을 고집으로 오르내린 언덕배기
주름진 다랑이 논이 설엽의 얼굴이다.

세상의 많은 길들 산문처럼 얽혔어도
일생을 엎드린 채 써 놓은 시문같이
비탈진 다랑이 논이 손금처럼 환하고,
욕심 없이 그렸기에 지도가 된 그 손금
굽어진 논둑길로 찾아오는 행렬들이
오늘도 보물 찾듯이 이어지고 있으리.

나이를 더할수록 궁색한 얼굴들이
속내를 숨기고서 좌판 앞에 모인 날은
멀리서 빙긋이 웃던 설엽이 보고 싶다.
아직도 마을 어귀 느티나무 아래서
푸짐한 모시옷에 한 손에 부채 들고
만면에 미소 지으며 오는 이 반기는가.

살아서 지킨 고을 죽어서도 못 떠나고
물소리* 곁에 두고 시를 읊는 얼굴이여
오늘은 술병을 들고 그대 찾아가고 싶다.

*설엽 : 시우詩友 서우승의 호.
*물소리 : 설엽의 시비에 적힌 시 이름.

흰 고무신

어릴 적 눈에 선한 흰 고무신 한 켤레를
통영의 오일장서 오천 원에 사 와서는
그리운 얼굴 만난 듯 머리맡에 둡니다.
신었다 벗기 좋고 벗었다 신기 좋은
언제나 댓돌 위에 얌전히 기다리다
거꾸로 발을 걸어도 따라오던 흰 고무신,
그 선한 모양새는 어떤 발도 넙죽 받아
좌우가 구분 없이 수더분한 모습으로
주인과 낯선 손님도 차별하지 않습니다.

모깃불 피워놓고 둘러앉은 어느 밤
시커먼 구둣발이 느닷없이 들어와서
끌고 간 흰 고무신을 기억하고 있습니다.
언제나 구둣발에 밟히며 살았으나
한 번도 남의 발을 밟아본 적이 없는
그 귀한 흰 고무신을 난장에서 샀습니다.
어릴 적 헤어져서 못 잊던 옛 친구가
먼 길을 돌고 돌아 고향을 찾아온 듯
눈물의 흰 고무신이 꽃신보다 귀합니다.

백합꽃 진 자리

— 박경리 선생 묘소에서

백합꽃 진 꽃잎을
가만히 줍습니다.
아직도 숨을 쉬듯
남아있는 향기가
마지막 체온과 같이
손끝에 와 닿습니다.

드높은 꽃대 위에
왕관으로 피었던 꽃
조그만 나의 뜰이
궁궐같이 눈부시어
여왕을 모신 날같이
마냥 행복했습니다.

올해도 봄은 가고
백합꽃은 졌으나
영광스런 유산을
물려받은 후손같이
사라진 꽃자리에서
옷깃을 여밉니다.

카사블랑카

가을도 어느 오후 강구안 높은 찻집
빈 배를 묶어 놓고 돌아서는 얼굴 하나
웃으며 올 것만 같이 괜히 마음 설렌다.
아직도 그 누구를 사랑하고 있거나
다시는 그 누구도 사랑하지 않거나
진정한 사랑을 아직 만나지 못했는가.
저무는 뱃머리에 홀로 앉은 어부같이
모두를 사랑하고 모두를 잃었어도
마음의 하얀 집에는 수절 같은 시가 있다.

다도해 수놓았던 첫사랑 동백꽃도
남망산 목련같이 어지럽던 갈매기도
이제는 그림이 되어 벽에 걸린 한 폭 그림
색등이 어지러운 항구의 밤이 오면
파도가 관능처럼 쓸고 간 모래밭엔
아직도 마르지 않은 발자국이 아프다.
여자의 분 냄새가 젖내처럼 간절한
홍등가 골목 같은 항남동을 지나서
찾아온 카사블랑카, 이방인의 하얀 집.

*카사블랑카 : 에스파냐어로 하얀 집이란 뜻의 통영 강구안에 있는 갤러리 카페 이름. 홍상수 감독의 영화 〈하하하〉의 촬영장소로도 유명하다.

바람이 대숲을 지날 때

바람이 불어와서
대숲을 지날 때면
대나무 마디마디
구멍을 열어놓고
저절로
나는 소리로
피리를 불고 있다.

달 밝은 가을밤에
바람이 불어와서
자는 듯 깨어있는
대숲을 지날 때면
제 피리
제가 취해서
쓰러질 듯 휘어진다.

이순신 공원의 해송

해송은 보기에도 육송과는 다르다
화살로 세운 솔잎 철갑 두른 껍질로
바다를 호령하면서 장수같이 서 있다.
제 한 몸 보전 위해 산속에 은거하며
지는 해 뜨는 달을 음풍농월 하고 있는
문약한 선비와 같은 육송과는 다르다.
산으로 경계 짓고 개울로 구분하여
끝없는 논쟁으로 나라를 어지럽힌
조선의 얼굴이었던 육송과는 다르다.

세상은 변했어도 사방은 적들인데
나라를 지켜나갈 유비무환 하지 않고
제 집 털 궁리나 하며 야합하는 잡목들,
바다 건너 속내 감춘 악몽의 그 태풍과
북창을 두드리는 칼날 같은 눈바람에
오늘도 잠 못 이루는 해송들을 보아라.
기러기 상소문을 북으로 보내놓고
한산섬 푸른 섬을 달 아래 보고 있는
통영의 이순신 공원 해송을 와서 보라.

바다가 참 좋다

엄마야, 나는 요 바다가 참 좋다.
소금에 절인 듯이 쓰리던 이 가슴이
파랗게 되살아나는 바다가 참 좋다.

엄마야, 바다에 와 배 타는 거 참 좋다.
남자 품에 안긴 듯 아랫도리 풀려도
공중에 그네 타듯이 호시 나서 참 좋다.

배 타고 멀리 멀리 떠나가니 더 좋다.
눈물로 바라보던 붉은 등 걸린 골목
그 항구 멀어져가니 참말 좋다, 엄마야!

오촌 풍경

노인들이 남아 사는 바닷가 작은 마을
어느 봄 시집왔던 꽃 같은 한 색시가
어느새 낳은 아기를 유치원에 보내는데,
이 마을 생기고서 처음 오는 유치원 차
그 꼬마 모셔가고 모셔오는 시간이면
온 마을 어르신들이 마을 앞에 나옵니다.
안녕히 다녀와요, 잘 다녀오셨어요.
만나는 어른마다 꼬마에게 인사하니
그 꼬마 우리 마을의 큰 어른입니다.

몸보다 더 큰 옷을 죽지로 걸치고서
웃으며 달려오는 해맑은 앞모습은
하늘을 날아가려는 햇병아리 같고요,
몸보다 큰 가방을 등에다 짊어지고
양팔을 흔들면서 달려가는 뒷모습은
저 넓은 바다로 가는 거북이와 같습니다.

개나리 울타리로 발소리만 오가더니
어느새 나폴나폴 보이는 머리카락
그 사이 여름이 가고 가을이 왔습니다.

오늘도 노인들이 마을 앞에 나와서는
병아리 싣고 오는 유치원 노란 차를
억새풀 봄 기다리듯 기다리고 있습니다.

어두운 시대의 환한 추억

어두운 한 시대를 넘어온 사람이면
뒤돌아보는 일이 그리도 꿈만 같고
한자리 모여 앉으면 전우같이 반갑다.
산골서 도시에서 물 건너 마을에서
꿈꾸던 고향 찾아 돌아온 사람들이
달 밝은 마당에 앉아 추억을 얘기하다.

산에서 뱀에 물려 업혀 온 이야기며
연탄가스 마시고 실려 간 이야기에
횡재한 복어를 먹고 죽었다 산 이야기.
돌아보면 길이 없던 어두운 그 시대에
한두 번 죽을 고비 안 넘긴 자 있는가.
생환을 축하하면서 막걸리 잔을 든다.

지척에 고향 두고 못 오는 이가 있고
대낮엔 얼굴 들고 못 오는 이도 있어
고향을 찾아온 것은 얼마나 축복인가.
술 오른 얼굴들이 이제는 해맑구나.
붉으락 푸르락한 그 낯빛 사라지고
노을에 물든 감같이 단 냄새도 나구나.

무지개

비 개인 먼 들녘에
무지개가 떴습니다.
일하던 사람들이
학처럼 들에 서서
다가올 세상을 보듯
무지개를 봅니다.

모두가 꿈을 찾아
떠나간 이들에도
선지자 예언 같은
무지개가 돋으니
하늘에 순응하는 자
아직 있나 봅니다.

보호색

시골로 내려온 지 서너 해쯤 지나서
서울의 친구들이 찾아와 나를 보고
이제는 시골 사람이 다 됐다고 말하네.
흙빛으로 변한 얼굴 투박한 말투하며
남루한 차림새에 어눌한 행동까지
이제는 시골사람이 영락없다 말하네.

미물도 살기 위해 보호색을 갖듯이
서울의 하얀 얼굴 말쑥한 차림새는
이 마을 원주민들의 눈 밖에 날 일이네.
일부러 만들어 낸 보호색은 아니지만
보고 듣고 하는 대로 내 모습 변해가니
이제는 물로 흙으로 돌아감이 아닌가.
봄에는 꽃빛으로 여름엔 풀빛으로
가을엔 단풍 빛깔 겨울엔 눈빛으로
갔다가 돌아온 듯이 왔다가 또 갈 듯이.

수련꽃 핀 아침

수련꽃 핀 아침은 뒷산이 내려와서
연잎에 싸인 꽃을 아기 보듯 한다고
아내가 밥상 앞에서 보고 온 듯 말하네.

아침에 잠을 깨듯 해맑은 꽃 피우고
저녁에 꽃을 접고 잠자리에 든다 해서
그 이름 수련이라고 아내에게 답하네.

붉은 채 떨어져서 밟히는 꽃이 있고
밤이면 화장하듯 피는 꽃도 있는데
꽃 피고 지는 모습이 수절하듯 고운 수련.

수련꽃 핀 아침은 바람도 손님 같고
우짖는 새소리도 말씀같이 맑아서
한생의 잠을 다 자고 깨어난 듯 개운타.

노파심

자식들이 주고 간 용돈을 세어보다
혹시나 넘기거나 겹친 게 있을까 봐
손끝에 침을 발라서 세고 또 세어 본다.

친구가 보낸 시집 한 줄 한 줄 읽다가
혹시나 스치거나 흘린 구절 있을까 봐
돋보기 당겨쓰고서 확인 또 확인한다.

그까짓 지폐 몇 장 뭐 그리 대단하며
친구의 시 한 줄이 유언이나 될까마는
왜 이리 치매 걸린 듯 손이 집착하는가.

옛것은 환한데도 어제 일은 깜깜하고
먼 곳은 뚜렷한데 눈앞이 희미하니
가야 할 먼 길을 두고 제자리만 맴도네.

참깨 터는 소리

오래된 말씀

가을날 추수할 때 이삭을 남겨 둬라
땅 없어 추수 못 한 가난한 사람들이
길고도 추운 겨울에 양식이 될 것이다.

감나무 감 딸 때에 홍시 몇 개 남겨 둬라
배고픈 날짐승들 겨울 하늘 헤매다가
따뜻한 밥상을 보듯 얼마나 고맙겠냐.

뜨거운 개숫물을 하수구에 붓지 마라
그곳을 근거지로 살아가는 미물들이
행여나 죽지 않을까 걱정돼서 그런다.

콩 심을 때 한 구멍에 세 알씩을 넣어라
벌레가 한 알 먹고 또 새가 한 알 먹고
마지막 한 알이 자라 사람이 먹으리라.

배고픈 춘궁기에 꽃놀이 가지 마라
이웃이 어려울 때 함께하지 못하면
세상을 분노하면서 일어설지 모른다.

참깨 터는 소리

참기름 흐르듯이
고소한 가을볕엔
고추 붉은 잠자리 떼
울타리를 넘나들며
잔칫집 아이들같이
괜히 신이 납니다.

오래된 것일수록
이마 환한 이런 날은
흰 수건 머리에 쓴
어머니가 돌아앉아
탁.탁.탁. 깨 터는 소리
물 밑처럼 들립니다.

자식은 글을 읽고
어머니는 깨를 털고
들에는 아버지가
땀 흘려 일하는 집
마당엔 가을 볕살이
금화처럼 쌓입니다.

사진 밖의 아버지

사진엔 언제부터 아버지가 없었다.
환하게 웃고 있는 가족의 얼굴 중엔
맨 앞줄 어머니 곁은 늘 비어있었다.

열사의 나라에서 눈 내리는 북양에서
무성영화 화면같이 묵묵히 노역하는
아버지 흐린 모습을 이야기로 들었다.

뒷모습만 보여주는 사진사 일생같이
가족의 웃는 모습 사진에 담기 위해
언제나 어둠 속에서 지켜보던 아버지.

비로소 아버지가 사진 속에 들어왔다
국화꽃 고운 둘레 검은 띠 두르시고
사진 밖 우는 가족을 웃으시며 보고 있다.

회초리

병풍을 둘러놓고
술 취해 잠든 나를
돌아가신 어머니가
생시같이 찾아와서
이놈아!
어찌 그리도
네 애비를 닮아 가노.

아버지 닮은 죄로
회초리를 맞고 싶다.
생전에 그렇게도
말리던 어머니의
울면서
때리는 매를
울면서 맞고 싶다.

쓸쓸한 대화

설 아침 차례 상 앞 삼형제가 모였다.
머리털 허옇게 된 등 굽은 아들 셋이
더 젊은 부모 사진에 아이같이 절한다.
머리털 검을 때는 부모도 몰랐다가
어디서 무얼 하다 머리털 희어져서
죄짓고 돌아온 듯이 엎어지며 절한다.

산소는 먼 핑계로 올해도 못 가면서
차례 상 둘러앉아 잔술로 음복하고
쓸쓸한 대화 몇 마디 취중인 듯 나눈다.
덤불 속 버려진 듯 멀리 있는 부모 산소
우리가 몇 번을 더 찾아갈지 모르지만
앞으로 어느 핏줄이 애써 찾아가겠냐.

일생을 고향 잊고 떠돌이로 살았으니
내 죽으면 불에 태워 흩으라고 일렀다.
드디어 맏형인 내가 어렵게 입을 열자,
살다 간 흔적으로 남의 눈을 봐서라도
부모님 산소 곁에 묻히는 게 도립니다.
셋 중에 제일 잘사는 막내의 말이다.

내 일찍 고향 떠나 노예같이 살면서
일 년에 겨우 몇 번 밤에만 찾아왔다
먼동이 트기도 전에 떠나가곤 했었다.
자식들 금의환향 기다리던 부모님이
끝까지 눈 못 감고 돌아가신 고향인데
죽어서 돌아오기로 기뻐하시겠느냐.

어느 돌잔치에서

드높은 병풍 앞에 왕세자 앉으시고
수라상 차린 듯이 돌잔치 상 놓였는데
그 앞에 문무백관들 간신 되어 조아린다.
무엇을 점지하여 입신양명 할 것인지
갖가지 주문들을 눈앞에 펼쳐놓고
뭐든지 바라는 것을 집으시라 청한다.

금쪽같은 삼대독자 이놈의 돌잔치엔
명이나 길라하며 실타래를 쥐어주고
그것도 믿지 못하여 울었다는 어머니.
내 지금 저 자리에 돌아가 앉는다면
앞에 놓인 모든 것을 단숨에 다 집어서
어머니 웃는 모습의 축복을 받고 싶다.

생각하는 나무

여럿의 자식들을 먹이고 키워보면
그중에 뜻 아니게 모자라는 놈이 있어
애잔한 마음 하나가 그에게로 더 가더라.

나무도 사람이나 다를 바 없는 것이
그 많은 열매 중에 유달리 사랑을 준
흠 있고 못생긴 것이 더 달다고 하더라.

열매를 세상으로 다 보낸 나무들이
유난히 흠이 있고 못생긴 열매 몇을
앙상한 가지가 잡고 겨울을 나고 있다.

까치가 그리운 날

까치 소리 하나라도
그리운 날이 있다.
창 열고 내다보는
적막한 풍경 속에
때까치
한 마리라도
앉았으면 반갑다.

까마귀 소리마저
기다리는 날이 있다.
그 누가 아프거나
아니면 떠났거나
그러한
기별마저도
기다리는 날이 있다.

말의 화살

지난봄 혀 내밀듯 쏙 나온 저 잎들이
세상을 어지럽힌 말 화살을 날리더니
제 화살 제가 맞아서 추풍낙엽 되고 있다.

여름 오자 앞다투어 귀 열던 그 잎들이
무성한 세상 말을 펄럭이며 듣더니
이 가을 그 말에 다쳐 소리 없이 지고 있다.

떨어진 혀와 귀가 발마다 밟히는 날
산山만 한 화두 하나 이마 앞에 세워두고
올해도 우리 나무는 동안거에 드신다.

어머니의 욕

제 말이 씨가 되니 욕은 절대 말라시며
어머니는 자식들에 욕 한 마디 않으면서
기르는 짐승들에겐 별별 욕을 다 하시데.

어머니가 욕한 대로 안 된 짐승 있던가,
대대로 빌어먹고 제 명대로 못 살 놈
코 꿰어 몰고 갈 놈에 모가지를 비틀 놈.

자식에게 할 욕을 짐승에게 다 하여
짐승이 자식 대신 십자가를 지고 갔나,
어머니 돌아가시고 자식들은 잘 살데.

돌아가는 길을 잃다

세상을 떠날 날이 가까워진 어머니는
보따리 챙겨 들고 아침이면 집을 나가
하루가 저물어서야 돌아오곤 하셨네.
맨 처음 오던 길로 돌아가야 하는데
가는 길 잃어버려 엉뚱한 길로 가니
기다린 내 자식들을 못 만났다 하셨네.

내 잠시 갔다 오마 기다리게 해 놓고
먹을 것 구해서는 서둘러 돌아가니
잘못 간 낯선 길에는 자식들이 없었단다.
먹이지 못한 죄가 얼마나 사무치면
곁에다 두고서도 잃은 듯 찾으시던
그 자식 이제야 만나 돌아오지 않나요.

어머니의 지팡이

어머니가 두고 가신 지팡이를 짚어 본다.
굽은 등 받쳐 세울 도구도 도구지만
이제는 나를 따르는 자식들을 위함이라.
싸우고 흩어지는 놈들을 다스리고
때로는 딴짓하는 등짝을 내려치고
가다간 높이 들어서 제 갈 길도 가리킨다.

지팡이가 무거우면 나에게 짐이 되고
나보다 키가 크면 남에게 욕된다고
감춘 듯 허리 굽히던 어머니의 지팡이.
자식들 따라오며 허방에 빠질까봐
일생을 땅만 짚어 닳아버린 반 토막을
허리를 굽히지 않곤 짚을 수가 없구나.

벌초를 하며

이불로 덮고 있는 잡초를 걷어내자
그 속에 알몸으로 앉아있던 무덤이
갑자기 방문 열린 듯 웅크리며 숨는다.

몹쓸 병 수삼 년에 지난 일 모두 잊고
아이같이 돌아앉아 놀고 있던 어머니
방문을 닫고 싶었던 그 모습을 다시 본다.

멧돼지 놀이터로 개미들의 집으로
해마다 허물어져 낮아지는 무덤이여
저렇게 흔적도 없이 흙으로 돌아가나.

살아서 몇 번을 더 산소에 올까마는
잡초가 삼대같이 가는 길을 막아도
어머니 찾아가는 길 눈 감은들 잊으리.

문 짝

— 통영 강구안에서

빈집이 홀로 남아 헐어진 문짝같이
잠이 든 저 노인의 입술이 그러하다.
위아래 두 개 입술이 서로 짝이 맞지 않다.
한때는 안과 밖을 분명히 구분하여
들이는 음식물과 내보내는 말들이
열었다 닫는 문같이 무섭도록 엄했을 것.

세상은 노점상에 박보 장기판같이
눈에다 불을 켜고 아우성 중이라도
몸 하나 배에 맡긴 채 흘러가고 있는가.
노인의 얼굴 위에 봄빛이 찾아와서
귓가에 손자같이 조잘대고 있어도
두 입술 문을 열어서 들이지를 못한다.

스마트 폰 달 떴다

애들아 올 추석엔 스마트 폰 달 떴다
모두들 새옷 입고 달 아래 서 보아라,
할머니 할아버지도 먼 곳에서 보시게.
달 속에 너희 얼굴 환하게 비쳐들면
지붕에 고추 널린 시골집 마당에 선
할머니 할아버지도 저 달 속에 보일 게다.

기다리고 찾는 마음 얼마나 간절하면
어둡고 굽은 길로 고향 가는 불빛들이
둥그런 보름달 속에 눈물 홍수 지는구나.
오대양 육대주를 환히 밝힌 둥근 달아
오늘 밤 저 북쪽의 불 꺼진 골짜기와
먼저 간 하늘나라의 얼굴들도 비춰다오.

방 언

시내서 변두리로
버스를 타고 오며
아이 안은 여인과
아이 가진 여인이
큰 눈에
울음을 담고
손을 마주 잡고 있다.

아마도 먼 곳에서
외롭게 시집온 듯
저희만 알아듣는
방언으로 말하면서
조그만
무거운 몸이
흔들리며 가고 있다.

백수가 백수에게

백수가 백수에게

백수의 이웃집에 백수가 이사 왔네.
죄수 같은 차림으로 울타리 넘어보며
죄수가 죄수를 보듯 어설프게 인사하네.

평생을 관직 같은 정장을 벗고 나서
고무신을 끌면서 집 나서는 백수를
이웃의 백수가 보고 뒤를 따라나서네.

나라에 죄를 짓고 유배된 묵언인지
다시 또 세상으로 돌아갈 궁리인지
백수가 백수를 보며 서로가 수상하네.

부모한테 야단맞고 기죽은 아이같이
힘없어 아내한테 구박당한 남자같이
오늘도 설자리 없어 서성대는 두 백수.

술친구

날마다 찾아가는 그리운 술친구여
해 지면 찾아오는 나의 오랜 친구여
언제나 처음 만난 듯 반가운 술친구여.
만나면 반가움에 나누던 즐거움도
취하면 제 갈 길로 뿔뿔이 헤어지니
인생의 어느 고개쯤 자네를 만났던가.

기쁘면 기쁜 대로 슬프면 슬픈 대로
자네를 앞에 놓고 내 보듯 했다마는
오늘은 자네 얼굴이 우는 듯이 흐리네.
나 언제 자네 만나 궁핍을 탓했으며
자네도 나를 만나 못남을 내색했나
오로지 줄어든 술이 아쉬웠을 뿐이지.

외롭고 먼 길 가다 우리가 서로 만나
오늘도 깊이 모를 강을 하나 건넜으니
내일은 또 한 고개를 넘어가게 되겠지.
살아서 맺은 우정 죽어도 풀지 말고
집 나서 찾아가는 낯익은 시장 골목
선술집 포장을 열면 자네 거기 앉아있게.

목계木鷄

살아온 지난날이 싸움닭 꼴이었나.
어깨에 힘 세우고 두 눈은 핏발 선 채
누군가 곁에 있으면 싸우려고 덤볐네.
엉성한 날개로는 울타리도 못 넘고
두 짧은 다리로는 개울도 못 건너서
날마다 지붕에 올라 피토하듯 외쳤네.

가진 것 없었으니 가진 자가 적이었고
배운 것 모자라니 배운 자가 두려워서
내 먼저 달려들어야 살 수 있다 여겼던가.
내공을 쌓아 두고 목계처럼 초연하면
모두가 굴복하니 안 싸우고 이기는 걸
머리에 털 다 빠지고 눈 흐린 뒤 알았네.

소나무를 심었더니

집에서 바라보는 하늘이 눈부시어
소나무 한 그루를 정원에 심었더니
하늘을 반쯤 가리고 보는 듯이 편합니다.
구름이 흘러오다 학같이 잠시 앉고
새들도 찾아와서 지저귀며 놀다 가고
때로는 둥근 달님이 등불처럼 걸립니다.

소나무 그림자가 창문에 드리울 땐
먼데서 귀한 분이 내 집을 찾아와서
그 넓은 두 팔을 벌려 안아 주듯 합니다.
하늘 아래 나지막한 집 한 채 지어놓고
소나무 한 그루를 모시듯 심었더니
천둥이 치는 밤에도 자는 잠이 편합니다.

말 가르치기

자식을 앞에 놓고
말이 서툰 까치가
열심히 아침부터
모국어를 가르치네.
오늘도 밖에 나가서
할 말을 가르치네.

사람이 태어나면
가르치는 첫 말이
그 아이를 낳아 준
엄마와 아빠지만
까치는 밖에 나가서
할 말을 가르치네.

손톱 깎는 아내

이빨이 자라나서 제 몸을 해칠까 봐
밤마다 제 이빨을 갈아내는 생쥐같이
아내가 비 오는 오후 손톱을 깎고 있다.

한때는 저 손톱이 은밀한 무기 되어
다듬고 색칠하여 고양이로 덤비더니
결국은 제가 다쳐서 그 손톱을 깎는가.

내 누운 머리맡에 신문지를 깔아놓고
어느새 야성으로 자라난 열 손톱을
무릎에 턱 괴고 앉아 반달처럼 깎고 있다.

모기 송頌

희멀건 시체같이
어둠 속에 누웠는데
곡소리 울음 울며
찾아온 모기떼가
내 몸에 달라붙어서
피를 뽑아 가고 있다.

친구가 죽었다는
소식을 전해 듣고
찾아간 영안실의
조문객들 틈에서
국밥을 게걸스럽게
먹고 온 날이었다.

지 네

제 몸을 메고 가는 수많은 저 발들이
밟거나 밟히거나 다투지 아니하고
저마다 제자리에서 부지런히 가는구나.
통나무 메고 가는 목도꾼 걸음같이
나라를 짊어지고 나아가는 백성같이
흥겨운 발걸음에는 노래도 깃들구나.

자화상

눈빛은 식민시대
죄수같이 억울하고
피 삼킨 다문 입은
속으로 울고 있고
두 손은
돌멩이 쥔 듯
무릎 위에 두고 있다.

그 앞에 무릎 꿇고
용서를 빌고 싶다
억울한 저 인생을
다시 한 번 살게 하여
움켜쥔
저 돌멩이를
내려놓게 하고 싶다.

우리는 오늘 옥수수 심으러 간다

옥수수 심는 날은 우리 가족 꿈 심는 날
우수 경칩 지나고 바람 없이 맑은 날
저마다 꿈을 심으러 텃밭으로 나간다.

나는 긴 막대기로 이랑에 구멍 뚫고
아내와 딸 손녀가 한 이랑씩 맡아서
한 구멍 두 알씩 넣고 흙을 덮어 나간다.

내 꿈은 옥수수로 곳간을 채우는 것
아내는 이웃들과 골고루 나누는 것
두 딸은 나라 유사시 비상식량 대용으로,

참으로 어린 손녀 기특한 꿈이라니,
배고픈 지구촌의 아이들을 위해서
우리의 이 옥수수를 보내주고 싶단다.

조그만 텃밭에다 큰 꿈을 심어놓고
꿈속에선 옥수수가 이미 자라 푸른데
잠결에 창문 밖에서 빗소리를 듣는다.

개 밥

이웃이 여행 가며 개를 두고 간다면서
혼자서 집 지키는 개의 밥을 주라 하네
하루에 아침저녁을 두 번씩 주라 하네.

개밥을 들고 가는 정해진 시간이면
멀리서도 알아보고 꼬리치며 낑낑대다
밥통에 얼굴을 박고 두 무릎을 꿇는 개.

저 개는 밤사이에 주인을 잊었는가.
누구나 밥을 주면 주인으로 모시는가.
아니면 역모를 위해 저리 낮아지는가.

먹이를 다투다가 쫓기는 비애보다
먹이 앞에 굴복하는 비굴한 저 패배여
오늘 밤 너의 꿈속엔 밥그릇이 달로 뜨리.

여름 산

이제는 우리 산도 성년이 되나보다.
거웃이 불두덩에 거뭇거뭇 돋아나듯
솜털에 싸였던 산이 수풀로 짙어간다.

꽃가지 산새 불러 철없이 놀던 산이
의젓한 모습으로 하늘 아래 우뚝하니
멧돼지 몇 마리쯤은 부릴 수 있겠구나.

저 넓은 들에 펼칠 호연지기 꿈을 위해
계곡의 물소리도 은밀히 모여드니
이제는 물길을 바꿀 저수지도 품겠구나.

직선의 비애

직선으로 쏘아버린
내 푸른 화살들은
절벽에 부딪혀서
무참히 꺾이거나
허무한 낭떠러지의
외마디로 사라졌다.

이제야 나의 시는
환생한 나비같이
꽃 피고 새가 우는
호젓한 오솔길로
시간도 목적도 잊고
아이같이 가고 있다.

장 마

햇볕을 모르고서 자라난 나무들이
뿌리내릴 의지도 열매 맺을 약속도
까맣게 잊어버리고 웃자라고 있는 곳.

산 너머 마을에는 축대가 무너지고
강 건너 논밭에는 강둑이 터졌는데
모두가 남의 일같이 물 구경만 하는 무리.

세상이 물난리로 아우성 중이라도
눅눅한 지하방에 자는 듯 웅크리고
옥상에 빨래 널 날을 기다리는 꿈도 있다.

태풍의 힘

드디어 암파람이 암내를 피우면서
수파람 맞아들일 자리를 잡는 동안
바다는 쥐 죽은 듯이 숨죽이고 있었다.
암내를 찾아 나선 취객 같은 수파람이
발정을 주체 못해 눈에다 불을 켜고
뜨거운 숨을 내쉬며 먼 바다를 건너온다.

드디어 지난밤에 올 것이 왔었던가.
수파람이 덮치고 간 아침의 물가에는
그 미친 사랑을 나눈 흔적만 어지럽다.
사랑도 태풍같이 찾아오는 날이 있어
천사 같은 악마로 고통 같은 희열로
혼돈의 밤을 지내야 비로소 사랑인가.

태풍이 지나간 뒤 저 바다를 보아라.
육지를 삼킬 듯이 무섭던 그 마녀가
어느새 거짓말같이 새색시가 되었다.

달

이제야 말하지만,
사랑하는 내 딸아
저 퍼런 저수지의
그 속을 알았다면
내 어찌
저 깊은 데를
들어갈 수 있었겠냐.

물속에 웃는 달을
훔쳐 먹은 내 배가
날마다 불러오는
기쁨이 없었다면
저 깊고
무서운 데서
나올 수 있었겠냐.

하늘로 가는 이사

끌려가는 차

길가에 잠시 세운 허름한 나의 차가
느닷없이 나타난 견인차에 멱살 잡혀
수많은 차들 앞에서 사정없이 끌려가네.
물구나무 선 채로 길바닥에 엎드린 채
아직도 영문 모를 전조등을 껌벅이며
참으로 차 같지 않은 견인차에 끌려가네.
차선을 벗어나고 신호를 거스르는
길 위에 위법하는 수많은 차들 중에
끌려간 내 차를 보며 왜 이리 억울한가.

차들이 들소처럼 내닫는 밀림에서
두 눈에 불을 켜고 쫓아오는 맹수한테
내 차는 불운하게도 잡혀가고 말았는가.
날마다 쓸고 닦은 빛나는 모습으로
큰길을 거침없이 달려야 할 저 차가
주인을 잘못 만나서 낭패한 것 미안하네.
그 차가 허름하면 주인도 그러한가.
인생의 도심에서 주차거부 당하고
변방에 얼쩡대다가 붙들려 간 내 차여.

어느새 해가 지네

나무는 일어서서
뜨는 해 맞이하고
무덤은 돌아누워
지는 해를 보는데
이 몸은
무덤가에서
담배 물고 앉아 있다.

어두운 내 인생의
아침은 있었으며
추웠던 긴 겨울의
봄날은 언제였나.
기나긴
나의 여름도
어느새 해가 지네.

상가에서 대취하다

어느 큰 유흥업소 개업식 풍경같이
조화가 줄지어 선 영안실로 들어가자
건장한 젊은이들이 정중하게 모신다.
조문객이 끌고 온 수많은 신발들이
죽은 자 사연같이 어지럽게 놓였는데
위아래 남녀노소에 선후도 구분 없다.

먼저 온 신발 밟고 달려가 엎드린 채
영정에 잔 올린 뒤 무릎 꿇고 재배하고
상주와 맞절한 다음 봉투 넣고 나와서,
술 먹고 고기 먹고 화투 치다 화내고
남의 신발 꿰어 신고 화장실 갔다 오다
담 아래 쪼그려 앉아 토악질도 하였다.

상가를 직장처럼 가는 날이 점점 잦다.
만난 놈 또 만나서 겸연쩍은 인사하고
때로는 어제 만난 놈 영정 앞에 절한다.
자식의 영정 앞에 넋 잃은 부모님에
조문객 등 뒤에서 싸우는 상주에다
어린 게 상복을 입고 웃는 곳도 있더라.

그런 꼴 보기 싫어 어떡하든 살아야지
죽음마다 다짐하고 상가마다 대취해서
오늘도 남의 신발에 바지 풀고 돌아오다.

하늘로 가는 이사

친구가 죽었다는 울음 섞인 전화 받고
수년을 누워 지낸 병실로 달려가니
친구가 누웠던 자리 딴 사람이 누워있네.
그는 이미 하늘나라 대합실로 실려 가서
예약한 순서대로 날개 달고 오를 테니
난 아직 거기까지는 따라가지 못하네.

저마다 집을 갖고 살아가는 이 땅에서
영원히 살 집같이 담 쌓고 치장해도
결국은 그 집 두고서 떠나가야 하는 몸.
나 역시 오랫동안 셋집을 전전하며
이사 갈 집 앞에서 기다린 적 있었고
이사 올 사람 앞에서 짐 싼 적도 있었네.

병실의 문밖에서 기다리는 환자 보며
미안한 마음으로 그 자리 비워 주고
이 아침 하늘나라로 이사 갔을 친구여,
셋집에서 자기 집 작은 집서 큰 집으로
몸담을 집 하나로 부대끼며 살았으니
이제는 영원히 살 집 그곳으로 잘 가게.

허수아비

허허허 허수아비 올해도 눈 내리네,
남루한 옷 한 벌에 빛바랜 모자 쓰고
빈 들에 홀로 있어도 하늘은 따뜻하네.

지나간 그 가을은 참으로 눈부셨네,
그 어린 곡식들이 황금물결 이룰 때는
더덩실 덩실 더덩실 춤이라도 추고 팠네.

꽃 피고 열매 맺은 곡식이 익는 동안
눈썹에 잠 내리듯 새떼가 몰려와도
자리에 눕고 싶다고 마음 한 적 없었네.

저마다 알뜰하게 제 몫을 챙겨가도
가진 것 다 주어서 오히려 넉넉한 날
겨울이 안식년같이 참으로 편안하네.

허허허 허수아비 풍년 오듯 눈 내리네,
이 몸이 불에 타는 꿈이라도 꾸면서
이제는 모두 다 잊고 잠에나 들고 싶네.

공중목욕탕에서

햇빛을 보지 못한 희멀건 알몸들이
벽 보고 돌아앉아 치부를 닦고 있네.
은밀한 지난밤 일을 은밀히 닦고 있네.

몸속의 짐승들이 드러난 문신에다
잘생긴 종마같이 남성을 뽐내어도
야성을 다 거세당한 저 외로운 수컷들.

낙원서 쫓겨나온 알몸의 죄수같이
저마다 발목에다 수형번호 족쇄 차고
뜨거운 유황불 속에 속죄하는 군상들.

목욕탕 구석에서 식은땀 흘리면서
몸 닦는 거울 속의 등 굽은 모습이여
퇴화된 내 팔다리여 말라가는 체모여.

부 음

오늘도 조간신문 부음 난을 봅니다.
지난밤 떠난 이의 굵직한 이름 아래
조그만 낯선 이름들 줄을 대고 있습니다.
산 자의 이름 새긴 만장을 세워 들고
죽은 자 뒤따르는 개미 같은 이름들이
영정을 가리고 있는 조화같이 보입니다.

마지막 죽음까지 세상에 알릴 만큼
의롭고 큰일하여 큰 공을 세웠으면
오히려 곁에 있는 듯 안 알려도 좋습니다.
신문을 내려놓고 눈을 감아 봅니다.
포말이 사라지는 바닷가 모래밭에
물새의 발자국 같은 이름들이 쓸립니다.

틀니

틀니를 벗어놓고 주인이 잠들었네.
입 벌리고 잠이 든 주인의 머리맡에
틀니가 혼자 엎드려 어둠 속에 울고 있네.
남의 입에 들어가 해종일 노역하다
늦은 밤 풀려나와 쉬고 있는 틀니가
아득한 허공을 향해 헛웃음을 웃고 있네.

분홍빛 잇몸 위에 새순 돋는 꿈을 꾸다
갑자기 꿈을 깨듯 퇴출당한 모습이
비정규 노동자같이 어둠 속에 버려졌네.
끝없는 식탐으로 동굴이 된 저 입이
내일은 또 뭘 먹을까 골똘히 궁리하며
틀니를 머리맡에다 닦아놓고 잠들었네.

고로쇠 수액을 나는 먹지 않는다

고로쇠의 수액을 나는 먹지 않는다.
겨우내 길어 올린 피 같은 그 수액을
몸통에 구멍을 내어 가로채지 않는다.
제 몸에 좋다하여 살아있는 곰을 묶고
옆구리에 구멍 내어 쓸개즙을 빼어 먹는
그러한 잔인한 짓과 그 무엇이 다른가.

문약한 시인들아 봄볕에 나와 보라.
겨우내 딴짓하다 망친 몸 세우려고
남의 글 표절하듯이 수액을 넣겠는가.
긴 겨울 응달에서 심지에 불 돋우고
언 손을 불어가며 써놓은 시문 같은
고로쇠 맑은 수액을 나는 먹지 않는다.

병아리와 놀다

개나리꽃 노랗게 핀 초등학교 앞에서
병아리 몇 마리를 아이같이 사 와서는
마당에 울타리 치고 손자 보듯 놉니다.
계절이 바뀌어도 자식들 소식 없고
날마다 마주보는 아내도 무심한 날
혼자서 쪼그려 앉아 병아리와 놉니다.

과거를 숨기듯이 서울을 떠나와서
세상을 돌아앉아 피 묻은 손을 씻듯
따뜻한 봄볕 아래서 병아리와 놉니다.
그러나 병아리도 내 모습 알았는지
가까이 다가오는 내 얼굴 보자마자
솔개가 나타난 듯이 작은 몸을 숨깁니다.

징검돌

나라가 세우는 집 초석 되긴 글렀고
탑에 쓸 돌로서도 모가 나서 틀렸고
고향집 담장에마저 쓰이지를 못했다.

죽어서 넘어가는 성황당 고개에서
버려진 돌만 모인 돌무덤에 얹혔다가
이승을 넘는 사람의 명복이나 빌던지,

징검다리 건너서 학교 가는 아이들의
얼굴 숨긴 징검돌로 물속에 엎드렸다
내 등을 밟고 지나는 웃음소리나 들을까.

어둠 속으로 친구를 보내고

어딘가 살아있단
소문만 들어오다
찾아온 옛 친구가
생환한 듯 반가운데
수심이 구름 지나듯
얼굴 위를 스치네.

살아온 이야기야
말해서 뭐하냐며
살아갈 이야기를
머뭇머뭇 하다가
길 없는 어둠 속으로
그 친구를 보내다.

고개를 넘었을까
하마 내를 건넜을까
칠흑의 어둠 속을
마음만 따라가다
무사히 도착했다는
별이 불을 밝히네.

버려진 인형

어둑한 마을 공원 쓰레기장 근처에
누군가 버리고 간 커다란 곰 인형이
울다가 지친 얼굴로 비스듬히 누워있네.
한때는 뜨겁게도 사랑한 두 사람이
영원한 증표로서 주었을 저 인형이
이제는 헤어진 부모 아이같이 되었네.

별들이 들꽃같이 피어나는 밤이 되면
이슬에 젖어가는 저 인형 갈 곳 없어
머나먼 하늘나라의 꿈을 꾸고 있을까.
자신을 버리고 간 멀어진 두 사람이
이별을 뉘우치고 어둠 속을 달려와
집으로 데려가기를 기도하고 있을까.

어둑한 마을 공터 쓰레기장 근처에
누군가 버리고 간 커다란 곰 인형이
부모가 버리고 떠난 아이같이 누워있네.

다시 돌아가는 재봉틀 소리

벽장에 버려두듯 잊었던 재봉틀이
흐리고 바람 불면 도지는 골병같이
내 귀에 언제부턴가 도는 소리 들린다.
우리의 가슴마다 폐결핵 앓던 시절
창 없는 지하실에 알전구 밝혀놓고
밤새워 가래 끓듯이 지쳐가던 그 소리.

딴 세상 만난 듯이 비단옷 차려입고
받들던 그 재봉틀 버리듯 감췄으나
아직도 늑골 속에서 돌고 있는 그 소리.
잠든 아이 울음에 화들짝 잠을 깨듯
허리띠 졸라매고 알전구 다시 켜고
돌리는 재봉틀 소리 어둠 속에 들린다.

하하하하 호호호

늙어서 만나보니 성한 연놈 하나 없다.
그 곱고 수줍었던 얼굴 다 어디 가고
죄짓고 변장한 듯이 낯설고도 두렵다.

나라 위해 다친 듯이 목발 짚고 나온 놈
얼마나 쳐 먹어서 바지 밖에 배 나온 놈
세상을 말로만 살아 주둥이가 돌아간 놈.

입술에 피 칠하고 여우같이 웃는 년
머리털 물들이고 서양 귀신 다 된 년
남편은 있으나마나 법도 겁도 없는 년.

지난날 생각하니 볼수록 눈물 나서
저마다 거울 보듯 울음 같은 웃음으로
서로를 마주보면서 하하하하 호호호.

이런 꼴 저 몰골로 저승에 불려 가면
땅에서 산 내력을 안 보아도 알겠다며
그 엄한 염라대왕도 배꼽 잡고 웃겠다.

아버지의 농업

어느 해 비바람이 논밭을 쓸어가도
아버지는 하늘을 원망치 아니하고
하늘을 화나게 했던 자신을 탓하였다.
논밭에서 거둔 곡식 곳간에 쌓아두고
배불리 먹고 남아 집 사고 땅 사면서
흉년에 이웃을 잊은 잘못을 탓하였다.

하늘이 내린 땅을 맡아서 경작하며
하늘의 뜻에 따라 쓰라는 말씀 잊고
모두가 내 것이라고 욕심하고 뽐냈던 일,
언젠가 가뭄으로 농사를 망쳤을 땐
하늘을 저주하고 부인했던 일까지도
이 땅을 떠날 때까지 아버지는 뉘우쳤다.

청산도

가로등

추억의 안개등을
가슴에 밝혀놓고
혼자서 울고 있는
키다리 가로등아
그렇게
하늘 본다고
눈물이 안 나오나.

골목을 달려 나갈
용기도 없으면서
철없는 소녀같이
울고 있는 가로등아
그렇게
기다린다고
사랑이 돌아오나.

길상사 가는 길

상기 먼 봄이라도 겨울은 포근했네.
무소유 나무들과 은둔한 산을 보며
남루도 허울인 것을 이 겨울에 알겠네.

눈을 쓴 먼 북악이 이마에 서늘하고
길상사 가는 길엔 바람 외려 향기로워
귀한 님 가시는 길을 내 따르듯 기쁘네.

동안거 끝내고서 떠나는 모습같이
먹장삼 두르고서 멀어지는 겨울 뒤로
동자승 맑은 얼굴로 잠을 깨는 버들가지.

어느 해 추위보다 엄했던 지난겨울
얼음이 성곽처럼 오는 봄을 막아도
그물에 바람 지나듯 봄은 오고 있는가.

말씀이 꽃잎같이 밟히던 시대에도
하늘이 일갈하는 천둥은 살아있어
길상사 가는 길에는 봄빛 더욱 새롭네.

내가 가장 좋아하는 말

내가 가장 하고 싶고 듣고 싶은 우리말은
해맑다 한결 같다 아주 쉬운 두 말인데
그러나 쉬우면서도 흔한 말은 아니다.

아침에 떠오르는 맑은 해 얼굴 같은
아기에게 달려가는 엄마의 얼굴 같은
볼수록 생각할수록 해맑은 말입니다.

떠오르는 아침 해가 찌푸린 적이 없고
아기 안은 엄마 얼굴 화낸 적이 없듯이
언제나 어디에서나 한결 같은 말입니다.

아무리 해라 한들 어두운 밤이 있고
날마다 엄마라도 맑은 날만 있을까만
해맑고 한결 같으니 바로 사랑입니다.

꽃에 대한 오해

저마다 앞다투어 곱게 피는 꽃을 보고
벌 나비 꾀기 위해 저런다 말을 하면
꽃들은 그 말을 듣고 깔깔대며 웃겠지.
가지마다 주렁주렁 잘 여문 열매 보고
종족을 퍼뜨리려 저런다 말을 하면
나무는 바람결에다 헛웃음을 날릴 거야.

자식 같은 꽃 피우고 열매 맺는 일들이야
나무가 살아가며 사랑하는 방법이요
그들을 사랑하면서 누리는 행복인 걸.
벌 나비 없다 해도 꽃을 피울 것이고
내일로 이 세상이 끝난다 할지라도
나무는 제 발 아래다 씨를 묻지 않겠는가.

청산도

사람아 사랑하면 청산도 와서 살자
눈 시린 청보리밭 이랑을 넘나드는
한 쌍의 나비가 되어 해종일 사랑하자.

바다에 돛배 가듯 하늘에 구름 가듯
옷고름 풀린 듯이 늘어진 청산도 길
바람에 나풀거리는 옷자락도 고와라,

머리털 헝클어진 어지러운 세상길을
헤매고 떠돌다가 만나는 청산도 길
가다가 흥이 솟으면 춤이라도 추고 가자.

달려오는 바람 앞에 스러지는 보리같이
그대는 달려가고 나는 짐짓 그대 좇아
그대로 한 몸이 되어 쓰러지면 어떠리.

한 세상 건넌 듯이 육지는 아득한데
맨 처음 이 섬에 와 태어난 사람같이
우리가 옷을 벗은들 무슨 죄가 있으리.

치 매

사랑의 기억마저
갉아먹는 바구미
먼 곳은 환한데도
눈앞이 깜깜하여
출구를 찾지 못하는
더듬이 잘린 개미.

아이고, 어머니요
환장할 이 봄날에
자식의 등에 업혀
꽃구경 떠나듯이
이별이 가까워 옴을
모르는 척하나요.

가을에

여름내 그늘 속에 두었던 긴 의자를
햇볕에 내어놓고 조는 듯 앉았으니
가을의 성긴 햇살이 비스듬히 내린다.

밭 갈고 씨 뿌리고 가꾸던 넓은 들엔
저마다 수확한 걸 무겁게 이고 지고
집으로 돌아간 자리 흰 연기가 오른다.

식어가는 무릎 위에 담요를 덮어 봐도
삼베옷 입은 듯이 어슬어슬 추운데
겨울의 긴 옷자락이 언뜻 눈에 밟히네.

니가 누고

내 앞에 느닷없이 나타난 니가 누고
저승서 도망쳐 온 억울한 형상으로
거울에 허깨비같이 서 있는 니가 누고,
어디서 본 듯도 한 낯익은 얼굴인데
나 언제 니놈한테 죄라도 지었기에
그렇게 원수 보듯이 노려보고 있느냐.
뚜렷한 이목구비 눈비 맞듯 흐렸으나
그 흐린 그늘 아래 수줍은 듯 선한 눈매
아이고, 이런 화상아 니가 바로 나로구나.
어느 낯선 길을 들어 붙잡혀 갔었더냐,
남의 것 훔쳐 먹다 번개라도 맞았느냐
천하에 몹쓸 사람아, 이 불쌍한 인생아.

구인사

세상을 구하려는
산적이 산다하는
소백산 깊은 골을
한나절쯤 들어가면
바다 밑
고래 등 같은
절이 한 채 있다더라.

읍내서 붙들려 온
꽃 같은 한 여인이
산적이 잠든 사이
도망쳐 나왔다가
제 발로
다시 들어가
살고 있다 하더라.

하얀 동백

우리의 사랑 다해 그대가 떠나는 날
사랑이 몸으로는 도저히 못 미치는
내 마음 하얀 동백을 그대 위에 지우리.
물가에 매어둔 배 끈 풀어 놓아주듯
이제는 헤어짐이 사랑이라 생각하며
지상의 사랑을 풀어 먼 바다로 밀어주리.

올해도 흰 동백은 물 위에 꽃 지는데
사랑의 마지막이 결국은 이별이듯
저 고운 꽃의 완성도 눈부신 낙화인가.
우리의 사랑 다해 내가 먼저 가는 날도
사랑이 붉음으로 도저히 못 미치는
그대의 하얀 동백도 내 몸 위에 지우리.

대추를 말리며

노인이 부채질로 탕제를 달이듯이
인자한 가을볕이 멍석에 내려와서
발갛게 익은 대추를 정성으로 말립니다.

아래는 조무래기 위에는 비바람이
여름 내 쉴 새 없이 나무를 흔들어도
대추는 홍보석같이 곱게 익었습니다.

잘 마른 대추알을 한지에 곱게 싸서
개업한 의원같이 천장에 달아두면
병약한 겨울 햇볕이 소문 듣고 모입니다.

통영 일월도

— 전혁림 화백 탄생 100주년에

열두 폭 병풍으로 섬들이 둘러서고
그 아래 금침으로 펼쳐진 바다 위에
해 지고 달 뜨는 일이 약속같이 곱습니다.

젊음을 솟구치던 파도를 잠재우고
사랑하는 사람과 십장생 꿈을 꾸는
눈부신 코발트블루 동화같이 환합니다.

하늘나라 풍경을 땅에다 그려놓고
그 그림 하늘나라 거울에 비친 듯이
자면서 고향을 보는 얼굴이 있습니다.

나비의 길〔蝶道〕

꽃이면 어디라도 가는 줄 알겠지만
한나절쯤 머물다 올 수 있는 길이라야
나비는 그 꽃을 찾아 기꺼이 나섭니다.
꽃이면 어디에도 앉는 줄 알겠지만
모양과 빛깔로써 아무리 유혹해도
향기가 없는 꽃에는 절대 앉지 않습니다.

꿈꾸던 꽃을 찾아 나비가 날아갈 땐
눈부신 금가루가 하늘에 흩날리고
땅 위의 많은 꽃들이 바라보고 있습니다.
가다가 날개 젖는 소나기를 만나도
꽃가지에 숨겨둔 거미줄이 기다려도
꽃 찾아 가는 길이면 두려움이 없습니다.

부케를 던지는 신부

신부가 허공에다 부케를 내던지자
하객의 시선들이 신부를 돌아서서
일제히 부케 쪽으로 말없이 옮겨 간다.
신부는 이제부터 신부가 아니구나.
눈 뜨고 바라보는 권력의 이동같이
자신을 떠난 부케를 망연히 보고 있다.

돈을 세는 엄마와 울고 있는 아빠와
저마다 끼리끼리 웃고 있는 친구들에
국밥을 게걸스럽게 먹고 있는 하객들.
신부가 지나가도 투명인간 보듯 하고
부케 받은 예비 신부 이야기로 한창인데
조용히 승강기 타고 떠나가는 신부여.
연극을 끝내고서 퇴장하는 배우같이
무대를 내려와서 뒷문으로 나가버린
그 후의 신부 행적을 묻는 이가 없더라.

동백꽃 지다

떨어진 꽃 위에는
이슬 주지 않는다.
무심코 한눈팔다
실족한 꽃이라도
하늘은
작두날같이
무섭도록 푸르다.

올해도 몸 던지듯
떨어진 동백꽃을
새파란 여인들이
밟으며 지나는데
신발에
묻은 꽃잎이
하혈한 듯 붉구나.

감람나무

성경에 잘 나오는 감람나무 열매는
우리가 좋아하는 올리브 열맨데요
그 열매 기름을 짜서 식용으로 씁니다.
그런데 그 나무가 참으로 놀라운 건
원 나무 줄기에다 야생을 접붙여도
그대로 원목 열매가 열린다는 겁니다.

우리네 감나무의 익숙한 접 방식은
돌감나무 줄기에다 대봉을 접 붙여야
비로소 대봉의 감이 열리는 것이지요.
원줄기의 희생으로 꿈을 펴는 감나무에
원줄기의 피를 받아 성화되는 감람나무
두 나무 다른 모습을 생각하게 합니다.

군내와 향내

군내와 향내

사람은 늙을수록 군내가 나나보다
아내는 나한테서 냄새가 난다 하며
향수를 농약 뿌리듯 내 몸에다 뿌려댄다.

사실은 아내도 군내가 나긴 난다
오래된 간장 냄새 잘 마른 건초 냄새
묵어서 깊은 그 냄새, 갈수록 나는 좋다.

향내도 미워지면 군내로 변하듯이
군내도 사랑하면 향내로 될 터인데
아내는 사랑이 마른 우물이 됐나보다.

못을 뽑으며

이사 온 집의 벽에 박힌 못을 뽑는다.
때 묻은 벽지 위에 가시처럼 솟아있는
녹슬고 휘어진 못을 장도리로 뽑는다.

식구가 많을수록 벽의 못도 많아서
옷가지 일용품을 못마다 걸어두고
너 내 것 가릴 새 없이 살던 때가 있었다.

누구나 살아가며 못을 박고 살지만
박은 것은 다 잊고 박힌 것만 기억하니
이사 간 그 사람인들 뽑을 여유 있었겠나.

못 뽑은 자리 위에 새 벽지를 바르고
나 또한 그 위에다 못을 박아가겠지만
갈 때는 내가 박은 못 다 뽑아 가고 싶다.

아름다운 만남

미루나무 두 그루가
냇가에 서 있는데
다정히 걸어가는
부부의 대화같이
발아래 시냇물 소리
도란도란 들리네.

해종일 마주보고
사랑을 속삭여도
아직도 더 할 말이
가슴에 남아있듯
서산에 해 진 뒤에도
한참을 밝아있네.

그 무슨 인연으로
저렇게 서로 만나
한 번도 제자리를
떠나지 아니하고
나란히 곱게 물들어
어둠 속에 묻히나.

저 사람이 뭐라 카노

말하지 아니해도 알아듣던 때가 있어
서로가 눈만 보고 해종일 말 없어도
오히려 가슴 설레는 즐거움이 좋았네.
나이를 더할수록 말만이 말이 되어
서로가 하는 말을 못 들은 척도 하니
소리를 크게 질러야 이제 겨우 말이 되네.

언제부터 그 소리에 서서히 귀가 멀어
마주 보고 말을 해도 알아듣지 못하고
서로가 서로를 보고 저 사람이 뭐라 카노.
갈수록 귀 어두워 잘 못 듣는 아내여
나 또한 그러하여 그대 말 못 들으니
이제는 못 들었어도 들은 듯이 웃게나.

그 여자를 아시나요

입술과 두 무릎을 단정히 오므리고
살포시 눈 내린 채 양 볼이 붉어지던
내 사랑 이십 대 여자
그 여자를 아시나요.

달에서 내려온 듯 김 서린 벗은 몸에
다산의 여신같이 나에게 다가오던
내 사랑 삼십 대 여자
그 여자를 아시나요.

남편과 자식들을 양손에 뽑아들고
승리의 여전사로 대지에 우뚝 섰던
내 사랑 사십 대 여자
그 여자를 아시나요.

이제는 나이 얼굴 성별도 벗어두고
내 앞에 고이 잠든 오십 대의 여자여
기품이 목련꽃 같던
그 여자가 맞나요.

세탁물

밤사이 잠을 자고
아침에 일어나니
벗어 둔 머리맡의
헐렁한 옷가지를
아내가 모두 걷어 가
세탁기에 넣고 없다.

이제는 나의 잠도
언뜻 보면 죽음인데
육신을 벗어두고
꿈나라로 간 나를
아내여, 세탁물 걷듯
치우지는 말게나.

빨래 걷는 남자

제풀에 끓고 있는
국냄비 불을 끄듯
아내가 외출하며
널어놓은 빨래를
해 지자 자기 일같이
걷고 있는 남자야.

지난날 생각하면
엄두도 못 낼 일에
이제 곧 밀린 빨래
설거지도 할 테니
저녁밥 차려놓고서
기다릴 날 머지않네.

빨래를 걷으면서
하늘 참 눈부시다
저 푸른 높은 꿈이
빨랫줄에 걸린 채
새처럼 파닥거리는
아내의 빨래구나.

마지막 기도
— 묘비명

이만큼 누린 삶에
감사를 드립니다.

눈멀어 지은 죄들
용서하여 주시고

나보다
내 자식들이
더 잘 되게 하소서.

아내의 코 고는 소리를 들으며

들판을 달려가는 봄날의 기차같이
퐁퐁퐁 뿜는 연기 꽃구름을 피우는
아내의 코 고는 소리 악기 소리 같더니,
여름 되자 아내는 자는 것도 무서워
비탈길 올라가는 짐 실은 화차같이
불 먹은 검은 멧돼지 괴성을 토해낸다.

어느덧 가을 되니 짐을 다 내렸는지
홀가분히 내려가는 소리도 경쾌하게
즐거운 코나팔 소리 휘파람 소리더니
눈 내린 간이역에 이제는 닿았는가,
쉰 건지 멈춘 건지 달릴 뜻을 접었는지
이제는 시동 꺼지듯 식어가는 소리구나.

거북이

땅에서 느리다고 놀림받던 거북이가
드디어 물을 만나 가는 모습 보았는가.
네 발이 날개가 되어 새처럼 날아간다.
우리가 이 땅에서 뒤뚱대며 사는 것도
땅 위의 거북이와 무엇이 더 다른가.
언젠가 하늘나라로 자유롭게 날아가리.

신세한도

매화가 피고 나서 국화가 질 때까지
꽃 없는 날이 없는 남도의 농막에서
그렇게 우리 부부는 여러 해를 살았네.

새들이 노래하며 아침을 찾아오고
신혼의 벌 나비가 낮이면 놀러오고
저녁엔 외로운 새가 깃들기도 하였네.

그러나 국화 지고 겨울이 들어서면
적막한 빈 뜰에는 오는 봄이 너무 멀어
동백꽃 꽃봉오리가 피토하듯 터졌네.

봄 온들 기쁜 소식 특별히 있을까만
자식의 자식들이 크는 소식 들으며
그렇게 우리 부부는 늙어가고 있었네.

아내의 농사

아내는 아침이면 텃밭으로 외출한다.
얼굴에 분 바르고 멋쟁이 모자 쓰고
애인을 만나러 가듯 사립문을 나선다.
밭에는 돈 안 되는 꽃들을 심어놓고
머리에 꽃을 꽂고 콧노래를 부르면서
집으로 돌아올 때도 한 아름의 꽃이다.

팥 심은 데 팥 나고 콩 심은 데 콩 나거나
하나 심어 열 거두는 그런 농사 아니고
하늘로 가는 길 위에 꽃을 심는 농사일까.
마음에 꽃을 두면 세상이 꽃밭이라
보는 것 듣는 것이 꽃 아닌 것 없으니
땅에다 천국을 짓는 농시일지 모르리.

간장 부인 된장 남편

아이고, 이 문둥아 문둥 중에 상 문둥아
천장에서 떨어진 메주통 형상으로
오늘도 밥 숟갈 놓자 총 맞은 듯 자빠졌네.
간장 같은 부인이 된장 같은 남편에게
참으로 민망하게 구박을 해대는데
된장을 끓여나 먹지 저 화상을 어디다 써.

아담의 갈비뼈로 이브가 태어났듯
간장도 처음에는 된장에서 나왔는데
근본을 잊어버리고 기고만장 하는구나.
희멀건 된장으로 되는 음식 뭐가 있나
간장이 들어가야 비로소 음식이지
저렇게 똑 떨어지게 말하는 꼴 좀 보소.

참으로 한세상을 된장같이 살았구나.
몸속에 피와 같은 간장 다 주고 나니
이제는 냄새 난다고 뒷방에 매달린 꼴.
손수 담근 된장 한 통 친구에게 보내면서
덤으로 간장 한 병 넣었더니 오는 말이
허깨비 된장 남편이 간장 부인 모셔왔네.

오동꽃 이별

나 언제 심었던가, 저 오동 한 그루를
처마 끝 등 단 듯이 환하던 오동꽃이
이 가을 방울 울리며 꽃가마로 떠나가네.
기러기 날아가는 하늘 먼 북쪽으로
거문고 울음 울며 따라가는 마음아,
다시는 못 올 것같이 아득히만 가느냐.
긴 밤을 잠 못 들고 아침에 창을 여니
옷 벗은 허깨비로 서 있는 오동나무
딸자식 시집을 보낸 아비 모습이구나.

평균수명 앞에서

어느 날 신문 보다 새삼스레 놀라다.
한국인 평균수명 여든이 넘었다는
그 기사 뒤통수 맞듯 눈앞이 캄캄하다.
우리가 잘 살아도 쉰 살 넘기 어려울 때
홀연히 떠나가신 아버지의 마흔아홉
이 몸은 오래 살아도 예순인 줄 알았다.

처자식 부모형제 한 수레에 담아 싣고
행상처럼 떠돌다 예순이란 고개에서
어느 날 뒤돌아보니 빈 수레만 잡고 있다.
느닷없이 맞이한 평균수명 여든 앞에
대책 없이 나타난 황망한 바다같이
눈앞에 스무 해 길이 온 만큼을 아득타.

평설 심청전

용왕의 아내로서 심청이 이 땅에 와
세상의 소경들을 눈 뜨게 하기 위해
심봉사 딸이 되어서 다시 태어났던가.
심청이 아비 죄로 물고기 밥이 되어
한 송이 연꽃으로 바다를 잠재우고
용왕의 왼편에 앉은 왕비로 돌아갔나.
공양미 삼백 석에 심청을 판 스님이나
꽃 같은 심청이를 제물로 쓴 뱃놈이나
모두가 사설이로다, 판본에도 없는 사설.

가야금 탄주

가야금 탄주

가야금 고운 몸을 무릎에 고이 뉘고
떨리는 손끝으로 지극히 줄을 뜯는
연인을 만난 기쁨이 흔들리는 촛불이네.
정월부터 섣달까지 결 고운 열두 줄에
꽃 피고 새가 우는 사랑을 나누더니
어느새 지는 잎 위에 후들기는 빗줄기.

구름이 달을 안고 긴 밤을 희롱하며
등 뒤에 숨었다가 나오고 다시 숨는
어르고 달래는 모습 미닫이에 환하네.
끊일 듯 이어지며 애간장 녹는 밤에
달빛에 열 손가락 은어처럼 뛰노는데
기어이 자지러지며 떨어지는 꽃송이여.
세상의 모든 꽃이 한꺼번에 피었다가
그 꽃들 바람 없이 한꺼번에 진다 해도
눈부신 저 사랑이야 차라리 슬픔이리.

조선 백자 달항아리

관악에 솟는 달을 맞이한 숭례문이
경복궁 구중궁궐 차례로 문을 열자
내전에 앉아 계시는 조선의 어머니여.
멀리서 바라볼 땐 얼음같이 차다가도
가까이 와서 보면 인자한 그 얼굴이
할 말을 가득 담고서 웃는 듯도 하구나.

오백 년 긴 사직이 달밤같이 으슥하여
꿈속을 밟아오는 짐승들 울음소리
북방의 말발굽 소리 아직도 들려오고,
왜낫 같은 하현달이 몸 숨긴 그믐밤에
자객이 담을 넘어 숨어든 베갯머리
외마디 비명 소리가 멎은 듯도 하구나.

빈 듯이 가득하고 기운 듯 온전하고
눈부신 듯 자애롭고 웃는 듯 수심 어린
그 많은 이야기들을 담고 있는 얼굴이여.
대청에 앉아 보면 하늘에 먼 듯하다
홀연히 앞에 와서 다정히 앉으시는
누구도 범접치 못할 국모 같은 자태여.

백 로

백로가 우두커니 물가에 서 있네.
긴 목을 우비 같은 양 날개에 묻은 채
외로운 낚시꾼같이 물끄러미 서 있네.
추운 몸 웅크리고 외발로 곧추서서
날개를 외투같이 양 어깨에 걸치고
노쇠한 망명객같이 석양 아래 서 있네.
청빈한 옷자락에 먹물 같은 화를 입고
돌아갈 고향 잃은 외로운 선비같이
세상을 등 뒤에 두고 물을 향해 서 있네.

백로여 다시 한 번 홰치며 날아가라
세상을 덮고 있는 먹구름 헤치고서
푸르게 용트림하는 저 산맥을 넘어가라.
그 산을 넘어가면 해 돋는 동쪽 나라
꿈꾸던 고향 뒷산 소나무에 둥지 틀고
허옇게 수놓은 듯이 새끼 치며 살던 곳.

고운 해 맞이하는 이마 붉은 아침이면
눈부신 흰 날개를 하늘 높이 푸덕이며
한바탕 질펀한 춤을 신들린 듯 추어라.

순박한 얼굴들이 모여 사는 저잣거리
모두가 기다리는 귀인으로 돌아가서
갈 길을 잃은 사람들 그 앞에 우뚝 서라.

천지창조

불길이 꺼지고도
한참을 혼돈 속에
바다와 육지는
한 몸으로 있었다.
드디어
아침이 와서
둘은 유별하였다.

유별한 그 두 몸이
서로를 마주보며
하늘이 내려주신
말씀대로 살더니
하늘을
땅에 이루듯
참 보기 좋았더라.

원숭이들의 아침식사

맛있게 먹는 일은 사랑만큼 행복하고
배불리 먹는 일은 평화만큼 만족한 일
애인과 밤을 보내고 식탁 앞에 앉은 이여.

여행길 숙소에서 맞이하는 아침식사
양대로 식성대로 갖다 먹는 뷔페식당
아침의 식사시간이 밀림처럼 소란하다.

벗기고 까고 쪼고 자른 것 다시 잘라
내 먼저 먹기 전에 상대를 먹여주는
먹이로 사랑을 주는 행복한 저 눈빛들

다툼도 총소리도 아득히 멀어진 곳
일용할 양식으로 풍족한 밀림에서
나누는 원숭이들의 아침식사 같구나.

올레길 위에서

한 사람이 나서면 두 사람이 따르고
작은 길이 모이면 큰 길을 이루듯이
어느새 무리가 되어 한길을 가고 있네.
뛰는 길 길 아니고 걷는 길 길이거니
직선으로 앞질러서 가는 길이 길인가.
천천히 돌아서 가면 더 많이 보이는 길.
만든 길 길 아니고 생긴 길 길이거니
줄지어 발맞추어 가는 길이 길인가
열 사람 열 생각으로 가는 길이 길이다.

제 집을 나서보면 마을길이 보이고
마을을 나서보면 나랏길이 보이듯이
제 나라 떠나보아야 세상길이 보이리.
꽃 피는 길이 있고 잎 지는 길이 있고
비 오는 길이 있고 눈 오는 길이 있듯
오늘은 바람이 불어 나의 길이 흐리다.
정낭을 올려놓고 집 나온 이런 날은
그리운 사람 찾듯 왜 이리 애달픈가.
서귀포 절벽 위에서 갈 수 없는 길을 본다.

춤추는 소나무

경주의 남산에는 희한한 일도 있대
소나무 한 무리가 달밤이면 몰려나와
허리에 술병을 차고 춤을 추고 있다 하네.

신라의 노인인지 처용의 패거린지
자욱한 안개 속에 아이같이 낄낄대며
집에 갈 생각도 않고 밤을 새워 논다 하네.

이렇게 멋들어진 소나무 이야기는
말로만 전해오던 천 년 전쯤 일인데
사진사 배병우 씨가 몰래 찍어 보았네.

돌아가셨습니다

곱기로 극락 같은 꽃구경을 갔다가
그 꽃밭 돌아보며 집으로 오는 길에
버스가 한눈을 팔다 돌아가셨습니다.

평생을 자식 위해 몸 바친 한 노인이
자식이 버린 듯이 외롭게 살아오다
남 보기 부끄러워서 돌아가셨습니다.

가슴에 백합 같은 사랑을 피워놓고
평생을 홍역 앓듯 자신을 다 태우고
짚불이 사그라지듯 돌아가셨습니다.

꽃같이 고운 몸을 진흙탕에 끌고 간
그놈의 망한 꼴을 끝끝내 못 보고서
두 눈을 감지 못하고 돌아가셨습니다.

저마다 꿈을 안고 찾아온 이 땅에서
꺾이고 짓밟히고 병들고 낭패하여
맨 처음 왔던 곳으로 돌아가셨습니다.

똥 탑

어느 날 방송에서 들었던 이야긴데
어떤 이가 길을 가다 용변이 다급하여
길섶에 볼일을 보고 돌을 덮어 두었는데,
얼마 후 그 자리를 우연히 지나다가
그 일이 생각나서 주위를 둘러보니
그날의 바로 그곳에 탑이 하나 있더란다.

세상엔 알다가도 모를 일이 다 있구나.
똥을 싼 자리에다 돌을 얹어 두었더니
그 위에 돌탑 하나가 덩그렇게 서다니.
지나는 사람마다 돌 위에 돌을 얹고
복 위에 복을 빌어 합장하고 지나가니
어느새 높은 탑으로 우뚝 서게 되었다.

산 위에 올라서서 도시를 내려 본다.
높이를 다투듯이 치솟는 건물들이
제 하늘 제가 찌르는 미사일 형상이다.
자신이 배설한 걸 덮어 둔 탑들인지
어느새 탑이 되어 배설물을 덮었는지
숨 막힌 물고기같이 하늘로 솟고 있다.

서귀포 사랑

지난 밤 꿈에서도
아내 몰래 집을 나와
칠흑의 바다 건너
찾아간 제주도의
서귀포 감귤 밭에서
또 사랑을 나누다.

물안개가 자욱한
서귀포의 푸른 밤
가지마다 등을 밝힌
감귤나무 아래서
다시 올 약속을 하고
날 새기 전 돌아오다.

책 읽는 사람

말없이 무서운 건 책 읽는 사람이다.
세상에 나갈 꿈을 가슴에 새겨두고
고요히 불을 밝히고 책을 읽는 사람이다.
책 읽는 사람보다 더 무서운 사람은
비로소 입을 열어 말하는 사람이다.
문 열고 세상에 나와 말을 하는 사람이다.

말하는 사람보다 더 무서운 사람은
하늘에 상소하듯 글 쓰는 사람이다.
궁형을 당하더라도 붓을 드는 사람이다.
참으로 무섭고도 두려운 사람이란
잘못 간 길을 알고 처음으로 돌아와서
또다시 불을 밝히고 책을 읽는 사람이다.

단양별곡

나 언제 친구 잃듯 단양을 떠났던가.
세상을 돌아앉은 소백산 외진 자락
마음을 두고 온 듯이 달이 되어 찾아간다.
볼거리 먹을거리 찾는 길이 어지럽고
길 따라 가는 차들 추격하듯 이어져도
소백산 새밭 마을을 찾아내지 못한다.
끈질긴 전화벨도 박달재를 못 넘고
따라오던 차들도 제풀에 돌아가는
해종일 맑은 냇물이 글을 읽고 있는 곳.

가을도 밤이 깊어 소백에 달이 뜨면
그 달에 시를 쓰듯 고향으로 가는 새들
세상의 마른 눈물이 밀랍처럼 흘렀다.
보석도 가진 자의 보석만큼 보석이듯
한 시인*이 찾아낸 자연의 이 성지를
귀먹고 눈먼 사람은 지나가도 모른다.

*소백산 자락에 흙집 짓고 사는 김영덕 시인.

남자가 울기 좋은 곳

바다로 오는 길이 그리도 멀었더냐.
이제는 그 바다를 눈앞에 두었으니
을숙도 갈대밭에서 흐느끼며 울어라.

차라리 꺾일망정 휘어질 수 없더냐.
잡초도 일어서면 동학의 숲이 되는
담양의 대밭에 와서 꺼이꺼이 울어라.

샛강의 유혹에도 흘러들 수 없더냐.
올곧게 내달려 온 네 푸른 몸부림을
천지연 폭포에 와서 소리치며 울어라.

나라를 걱정하며 잠 못 이룬 밤이더냐.
지새는 싸움질의 골목을 뛰쳐나와
해 돋는 백두대간의 호랑이로 울어라.

밤을 몰라서 낮을 좋아한다

— 김진홍 목사의 어머니 말씀 중에서

이놈아, 목을 세운 그 얼굴 좀 숙여라
세상이 너를 두고 듣기 좋은 말만 하나
밤사이 네 하는 짓을 몰라서들 그런다.

제 몸도 못 가누는 아이 같은 너를 두고
세상은 나라 위해 큰일을 한다지만
네 마음 장사꾼인 걸 나는 다 알고 있다.

마음을 옷으로는 감출 수가 없듯이
하늘을 두 손으로 가릴 수 있겠느냐
밤낮이 한결같아야 하늘 아래 당당하다.

외모의 반란

자네가 고개 너머 아무개 아들이고
자네는 개울 건너 아무개 딸이구나.
젊을 때 어른 얼굴이 그대로 다 있구나.

제 친구 아무개의 아버님 되시지요.
제 단짝 아무개의 어머님 되시고요.
친구의 고운 눈매가 어르신을 닮았네요.

젊은이들 만나보면 자식 보듯 반갑고
부모를 만나서는 자식들 소식 물어
대 이어 정을 나누던 그 옛날이 그립구나.

오랜만에 고향 와서 대하는 젊은이들
빚은 듯 하나같이 잘생긴 얼굴인데
누구의 아들딸인지 분간할 수 없구나.

잘 먹고 잘 입어서 저렇게들 고울까
세상의 소문대로 손질해서 그럴까
외모의 반란을 보듯 낯설고도 두렵다.

감나무가 죽다

이웃에 홀로 섰던 감나무가 죽었다.
대대로 집 지키며 푸르던 그 감나무
봄 와도 잎 못 피우고 선 그대로 죽었다.
마지막 잎을 지운 지난가을 죽었을까.
긴 겨울 적막 속에 자는 듯이 갔을까.
다시 올 봄이 무서워 미리 눈을 감았을까.

삼대가 한집에서 살 붙이고 살 적에는
가지마다 달렸던 해맑은 홍시들이
담 너머 이웃집마저 등불 밝혀 주더니,
모두가 집 떠나고 홀로 선 빈 마당에
해마다 정성 들여 옛 감을 매달아도
지나는 날짐승마저 눈길 주지 않았다.

담 너머 전화벨이 하도 길게 울어서
이웃이 달려가서 방문을 열었더니
자는 듯 죽었더라는 독거노인 이야기다.

꽃 타령

꽃 타령

겉으론 수절하듯 저 고운 목련꽃도
사랑 앞엔 별수 없이 푸덕이는 새가 되나
지난밤 깃털 빠진 듯 낙화가 어지럽다.

성성한 눈발 속에 정신 놓은 매화 봤나
늙어서 굽은 등을 가누지도 못하면서
노망에 회춘하듯이 꽃 피우고 나오네.

이 엄동 설한풍에 화냥년을 보았나,
제 서방 오는 봄을 기다리지 못하고
길손을 홀리고 있는 저 요망한 동백꽃.

쑥같이 어리석고 멍청한 국화꽃아
그 좋은 봄여름에 꽃 피우고 볼 일이지
어디서 무얼 하다가 서리 쓰고 꽃이냐.

죽은 자는 죽은 자고 산 자는 살아야지
올해도 무덤가에 홀로 핀 할미꽃아
그렇게 무덤 지키다 좋은 봄날 다 간다.

헤픈 년 치마처럼 벌려놓은 호박꽃아
아무리 여름 한 철 살다갈 팔자지만
그렇게 온갖 잡놈의 벌 나비를 다 받아.

병든 강

강의 병이 들던 대로
수심만큼 깊었구나.
끝까지 강을 지킨
물오리도 떠나가고
등이 휜
물고기들이
유언으로 뜨는구나.

하늘이 강 위에다
얼음을 덮어주자
기러기 가족 몇이
끄윽 끅 울음 울며
저 추운
북쪽 하늘로
다시 가고 있구나.

길순이*

아이고, 저걸 어째! 또 새끼를 가졌구나.
배가 땅에 끌릴 듯이 무거워진 몸으로
이 겨울 먹이 찾아서 담을 넘고 있구나.
어느 집 안방에서 사랑을 받아오다
밤새워 울어대는 수놈의 꾐에 빠져
어느 밤 그놈을 따라 가출했던 것일까.

지난봄 새끼 가진 무거운 몸을 하고
그 곱던 갈색 털이 지푸라기 검불 된 채
나타난 길순이 보고 혀를 껄껄 찼는데,
어디서 새끼 낳아 잘 사는 줄 알았더니
그것들 다 어쩌고 또 새끼를 가졌으니
아이고, 저걸 어쩌나! 이 겨울을 어쩌나.

*길순이 : 우리 집을 찾아오는 길고양이 이름. 노란 털에 검은 줄무늬가 있는 암놈이다. 아마 검은 수놈과의 사이에서 태어난 2세일 것이다.

따스한 불빛

깊은 밤 나와 보니
아직도 남은 불빛,
창문에 길 위에
바다에 또 하늘에
어둠을 지키고 있는
불빛 참 따스하다.

자신을 밝히거나
또 누굴 밝히면서
고요히 제자리를
지키는 불빛으로
세상은 어둠이 와도
길을 잃지 않는구나.

산불 감시원

몸의 불 집의 불도 제대로 못 끈 내가
머리에 검불 쓰고 산의 불을 잡겠다고
그 이름, 산불 감시원 완장 하나 턱 찼다.

봄볕엔 꽃과 불이 구별이 안 되는데
한때는 모든 불이 꽃으로 보이더니
이제는 모든 꽃들이 불로만 보이는가.

꽃인 줄 알았다가 불이 된 사랑이여
불인 줄 알았다가 꽃이 된 사랑이여
오늘은 바람이 불어 불도 꽃도 위험타.

가화만사성

이른 새벽 마을 뒷산 길 찾아 올라가니
저마다 깨우치고 터득한 비법으로
건강한 하루를 위해 운동들을 하고 있다.

가진 것 몸 하나로 매 맞듯 살아오며
골병 든 몸뚱이는 맞아야 낫는다며
엉뚱한 소나무에다 몸을 치고 있는 사람.

앞산을 돌아앉은 부처님 보듯 하고
두 손을 합장하고 디딜방아 절을 하며
아침 해 연꽃 피기를 소원하고 있는 사람.

기막힌 세상살이 나오는 건 웃음이라
이 어찌 하루라도 웃지 않고 살 수 있나
미친 듯 박장대소로 손뼉 치며 웃는 사람.

세상에 믿을 거란 내 몸밖에 없는 기라
아직도 봄은 먼데 웃통 벗어 제치고
소림사 무술을 하며 연마하고 있는 사람.

건강이 무너지면 자식도 소용없어
무슨 보약 좋다하나 운동이 최고 보약
만사성 가화만사성 건강 가화 만사성.

나무와 바람

바람이 먼저 와서 나무를 흔든 건지
나무가 흔들어서 바람이 오는 건지
나무와 바람만 알고 그 누구도 모르리.

나무가 고요하여 바람이 깃든 건지
바람이 깃들어서 나무가 고요한지
이것도 그 둘만 알고 그 누구도 모르리.

그러나 지난밤에 무섭게 바람 불어
가지가 부러진 채 우두커니 선 나무
바람이 왜 그랬는지 새들조차 모르리.

할머니가 평생 처음 읍내에 나갔는데

평생을 산골에서 살아온 할머니가
거울 한 번 본 일 없이 읍내에 나갔는데
유리창 저 너머에서 누가 자꾸 따라오네.

내가 가면 그도 가고 내가 서면 그도 서고
웃으면 따라 웃고 눈 흘기면 따라 흘겨
"저렇게 못난 사람도 세상에는 있는갑다."

검불 쓴 머리에다 대추 마른 얼굴하며
쫓기듯 걷는 꼴이 털 빠진 암탉이라
"저 못난 여자와 사는 영감도 참 기구하다."

흘깃흘깃 흘겨보며 한참을 걸어가다
아무래도 수상하여 유리창을 마주하자
고것이 제 모습인 줄 그때서야 알았어.

집으로 돌아와서 엎어지며 하는 말이
아이고, 영감님요, 심지 깊은 영감님요,
이렇게 못생긴 년과 살아줘서 고맙소.

매화 마을에서

매화도 지천이니
매화가 아니더라,

눈보라 속에서도
봄을 알린 귀한 꽃이

어쩌다
거리에 나와
호객하고 있더라.

헌 혈

태어난 자리같이
새하얀 침상 위에
받은 걸 내어주듯
가만히 몸 맡기니
내 몸의 문이 열리고
피가 흘러 나가네.

한 생명을 구한다는
흐뭇한 고마움이
뜨거운 은혜 되어
역류해 들어오고
내 몸은 부활하듯이
기쁨으로 넘치네.

남자 싸움에 여자가 왜 나서나

남자 몇 술자리서 패싸움이 붙어서
온 동네 남녀노소 골목으로 몰려나와
싸움은 말리지 않고 구경들만 하는데,
양반집 규수 같은 충청도 아내 나와
맞은 놈 펴서 자고 때린 놈 오그리니
당신이 맞을지라도 때리지는 마세유.
곧이어 촉새 같은 전라 아내 달려 나와
남편과 합세하여 상대를 잡아 뜯고
조용히 살고 싶은 깨 건드리지 마시오잉.

드디어 한 여자가 소매 걷고 나오는데
남편의 뒷덜미를 낚아채 뒤로 하고
골목을 다 평정하니 경상도 아내더라.
그러고서 제 남편을 집으로 끌고 가서
밖에서 병신같이 맞고만 다닌다고
말썽꾼 자식 패듯이 코피 나게 패버리고,
이년이 당신을 사랑하긴 하는갑다.
때린 데 약 바르며 눈물 찌찌 짜더니
다음 날 아침 밥상에 계란 하나 올리더라.

세상에 아내 두고 살아가는 남자들아
처음엔 충청 아내 그 다음엔 전라 아내
그리고 마지막에는 경상도 아내 된다.
밖에서 얻어맞고 안에서 또 맞으면
사나이 한평생이 가문의 수치니라
아직도 힘이 있을 때 아내에게 잘 하소.

방귀 타령

세상은 고요해도 냄새 한 번 고약하다.
그 냄새 근원 찾아 모두들 분주해도
서로가 시치미 떼고 먼 산만 보는구나.
소리만 요란하고 냄새 없는 나의 것에
냄새는 지독한데 소리 없는 그대의 것
하지만 물증이 없어 심증만 무성하다.

그러나 집 안에선 숨길 게 뭐가 있나.
종가 댁 대문 열듯 당당한 가장 방귀
그 소리 안에서 듣고 방문 여는 아내 방귀
밤새껏 잠 못 들고 미운 놈 곱씹다가
뒤틀린 창자 안고 새벽녘 화장실서
그 몇 놈 제거할 듯이 내갈기는 연발 방귀

시어머니 앞에서도 당당한 며느리에
갈수록 흐려지는 궁색한 시어머니
이제는 허공을 쏘는 시아버지 헛방귀
개울가 작은 집에 드디어 봄이 왔네,
겨우내 참아오던 온 가족의 방귀가
꽃으로 동시다발로 가지마다 터진다.

바보 천국

머리에 꽃을 꽂고
손에도 꽃을 들고

또 꽃을 먹으면서
웃고 있는 바보야,

네 마음
천국에 있어
그렇게도 좋으냐.

죽음의 죽음

죽음이 죽음일 때
생명이 생명이듯
생명이 생명일 때
죽음도 죽음이리.
생명에 욕되지 않는
온전한 죽음이리.

생명에 죄를 짓고
짐승으로 쫓기다가
짐승의 먹이마저
되지 못한 죽음이여
기나긴 너의 꿈 끝에
천국이 있었나니.

단 풍

꽃이 피다
잎도 피다
그래서
저 나무는,
말씀을
피로 쓰는
깨끗한
몸이시다.
잎 지면
홀로 떠나실
눈 내리는
길이다.

깨어나지 않는 잠

나 언제 잠이 들어 깨어나지 못하리.
내 몸을 벗어놓고 나갔던 내 영혼이
새벽에 첫닭 울어도 돌아오지 못하리.

강 건너 마실 가듯 꿈나라로 갔다가
그곳에 마음 두고 돌아올 시간 잊어
결국은 아침이 와도 돌아오지 못하리.

묘작도

묘작도猫雀圖

묘작도 그림 한 폭 무심히 바라보다
언젠가 마주쳤던 한 낭인을 생각하다
발정 난 고양이들이 시끄러운 어느 날.
호랑이 형상에다 미숙아 목소리로
강한 자엔 교활하고 약한 자엔 교만한
이빨과 발톱을 숨긴 야릇한 그 미소.

날것을 좋아하는 육식의 저 짐승이
입가에 피 한 방울 묻히지 아니하고
은밀한 배설물에는 짐승털이 나온다.
발톱을 감추고서 배회하는 꽃밭에서
참새와 나비들을 은근히 희롱하며
가만히 제 발바닥의 피 냄새를 핥는 놈.

고양이 눈 속에는 옛 시계가 들어있어
시한폭탄 초침 같은 불안이 들어있어
언제나 귀를 세우고 쫓기는 잠을 잔다.
열강의 사육제가 열리는 밀림에서
어둠 속 먼발치서 안광을 번쩍이며
밤마다 서성거리는 세기의 그림자여.

숙 변

어릴 적 고향에서 부모에 야단맞고
사립을 뛰쳐나와 징검다리 위에서
흐르는 시냇물에다 오줌을 내갈겼지.
그 후로 서울에서 숨 막히게 살아오며
제대로 배설 한 번 제대로 못 하고서
숙변이 암 덩어리로 뱃속에서 커 갔다.

말기 암 환자같이 시골로 내려와서
어머니 가꾸시던 밭둑에 쪼그리고
참으로 엄청난 양의 숙변을 쏟아냈다.
두엄처럼 김이 나는 똥 무더기 너머로
무서리 흠뻑 내린 추수한 들머리에
입동의 김장배추가 자라나고 있더라.

동 강

에돌아 흐르는 강 깊이를 알랴마는
넘칠 듯 다스리고 맺힐 듯 풀고 가는
차라리 울음 가득한 노랫가락 아닌가.

아라리 아라리오 떠나가는 사람아
멀어질 듯 돌아보고 돌아볼 듯 멀어지며
아득히 목이 잠기네, 아라리오 아리리.

거 미

거미집은 허구다.
구체적인 허구다.
밤사이 허공에다
허구를 걸어놓고
나비가 걸려들기를
황홀하게 꿈꾼다.

꽃가지 사이에다
왕국을 세워놓고
왕조를 세습하는
은둔의 지배자여,
허구를 천국이라고
말하는 넌 누군가.

나무 아래 차 세우니

먼 길을 달려와서 나무 아래 차 세우니
따라오던 풍경이 창밖에 따라 서고
먼 하늘 뭉게구름도 거울 속에 들어오네.

오로지 길 위에서 앞만 보고 달려오며
앞서거니 뒤서거니 달리는 경쟁 속에
길가에 차를 세우고 쉴 수조차 없었다.

시동을 잠시 끄고 안전띠도 이제 풀고
곁에 앉은 아내와 얼굴을 마주하니
노랗게 물든 낙엽이 앞창에 떨어지네.

참 듣기 좋은 소리

마당에 여문 곡식 지천으로 널어놓고
낮잠 든 나의 귀에 어머니 목소린 듯
앞산에 비 묻어온다, 비설거지 하여라.

살구꽃 환하게 핀 개울가 조그만 집
무꽃과 배추꽃이 오누이로 피었는데
엄마가 돌아올 듯이 짖어대는 까치 소리.

밤새워 공부하는 윗방의 손자보고
사랑방 할아버지 마당에서 하신 말씀
불 끄고 눈 좀 붙여라 새벽닭이 울었다.

담 너머 학교에는 태극기가 펄럭이고
풍금 소리 따라서 애국가를 부르는
하늘로 울려 퍼지는 아이들이 목소리.

저승길 떠나가듯 부두의 뱃머리에
느닷없이 나타난 자식 같은 갈매기들
뱃길을 가로막으며 우는 그 울음소리.

풍경

달리는 열차에서
풍경을 보았더니,

이제는 풍경 되어
열차를 보고 있네,

외딴집
문 열고 나와
손 흔들며 서 있네.

폭 포

하늘이 쏟아내는
저 곧은 직설 앞에
입 열고 얼굴 들어
맞설 수 있겠는가
그 말씀
가슴에 받아
깊이만을 더할 뿐.

그러나 그 찰나에
눈 들어 하늘 보라
물줄기 타오르는
한 가닥 동아줄과
그 위에
드리워지는
무지개도 보리라.

사의 장막

살아서 소원하던 천국 갔을 사람아,
여기서 애틋했던 그 사랑 다 어쩌고
가서는 아주 잊은 듯 소식조차 없는가.
그곳이 너무 좋아 이곳을 잊었는가.
아니면 실망하여 아무도 안 올까 봐
일체의 외부 접촉을 누가 막고 있는가.
여기선 거길 두고 말들이 참 많다만
아무도 거기 갔다 오는 이가 없으니…
나 언제 거기 가는 날 만날 수는 있는가.

달팽이

일생을 옷 벗은 듯 부끄럽고 추웠다.
꿈 찾아 가는 길이 공간인 줄 알았는데
시간을 다 쓴 뒤에야 시간인 줄 알았다.
시간이 떠나버린 빈집을 등에 지고
땀인지 눈물인지 몸이 녹는 체액인지
몸으로 미는 자국이 비애처럼 젖는다.

사자평 억새밭에서

내 속에 자리 잡은 사자만 한 슬픔아
네 감히 하늘 향해 이빨을 드러내고
갈기를 휘날리면서 포효하고 있느냐.
내 잠시 외로움에 강아지로 키웠더니
어느새 날 부리며 주인 행세 하는 놈을
내 불을 질러서라도 쫓아내고 말겠다.

전동차에서

어떤 이는 책을 읽고
어떤 이는 잠을 자고
어떤 이는 사랑하며
어떤 이는 싸우는데
시간의
전동열차는
쉬지 않고 달린다.

종점으로 돌아가는
반대편 차창에는
표정도 말도 없는
죄수 같은 승객들이
시간을
낭비한 죄로
실려 가고 있는가.

보일러가 멈추다

지난밤 추위 속에 보일러가 멈췄다.
덧옷을 걸치고서 뒤란으로 가 봤더니
커다란 기름 탱크가 텅텅 비어 있었다.
기름을 채운 지가 언제쯤이었던가.
버튼만 눌러 두면 돌아가는 보일러에
겨울도 여름날같이 겉옷 벗고 살았다.

스위치 한 번 눌러 밥 짓고 빨래하고
집 안에서 물 나오는 세상에 살다보니
어느 날 갑자기 멈출 보일러를 몰랐다.
장작을 쌓아두고 김장김치 묻어두고
겨우내 먹을 양식 곳간에 준비했던
그 옛날 겨우살이가 왜 이리 그리운가.

춥다는 식구들의 아우성을 뒤로하고
쫓기듯 밖에 나와 쳐다본 하늘에는
별들이 모닥불같이 따뜻하고 정겹다.
문명이란 기관차에 거침없이 실려 가다
갑자기 어둠 속에 멈춘 듯 무서운 밤
불 꺼진 마을 집들이 공동묘지 같구나.

손금을 보며

어릴 적 할머니는 내 손금을 보면서
기울고 허물어진 종가의 장손으로
가문을 다시 일으킬 재목이라 했다 하네.
어느 날 집에 들른 걸인 행색 한 노인이
내 손금 내 얼굴을 유심히 살피다가
귀한 분 잘 키우라며 합장하고 갔다 하네.

이립과 불혹에도 들개같이 떠돌다가
어느 날 지천명에 고개 들고 하늘 보니
눈앞에 안개 걷히는 이순의 고개구나.
할머니도 그 노인도 다 떠난 고향 언덕
색 헝겊 목을 매단 당산나무 아래서
내 손금 내가 보면서 석양을 맞고 있네.

세월의 화살

전쟁머리 태어난 동갑내기 백여 명이
들어간 초등학교 6년의 수업받고
군부대 배속받듯이 흩어진 지 50여 년.

세상의 어느 중원 어느 변방 전장에서
저마다 소임 받은 자리를 지키면서
세월의 화살에 맞서 싸우고들 있는지,

세월의 화살 앞에 장수가 있을까만
때로는 등 뒤에서 난데없는 화살 맞고
하나 둘 운명했다는 비보가 들려왔다.

이제는 내 전쟁도 대세가 기울었나.
밀리고 쫓기면서 남하한 땅끝에서
바다를 붉게 물들일 최후를 맞고 싶다.

수건이 말라 있다

대엿새 여행하고 집으로 돌아오니
욕실에 걸려 있던 수건이 말라 있다.
몸 닦고 걸어두었던 그대로 말라 있다.
욕조와 흰 비누와 벽에 걸린 거울은
누군가 다녀간 듯 오히려 말끔한데
울다가 잠든 얼굴로 수건이 말라 있다.

내 몸의 굴곡이며 은밀한 상처에다
기쁨과 슬픔까지 기억했을 그 수건이
햇볕과 바람도 없이 고스란히 말라 있다.
유체를 떠나갔던 영혼이 돌아오듯
대엿새 여행하고 집으로 돌아오니
걸어 둔 나의 수건이 유품처럼 말라 있다.

경 남 시 인 선 1 7 4

지상의 마지막 집

김원 시집

펴낸날 | 2015년 9월 1일

지은이 | 김　원
펴낸이 | 오 하 룡
펴낸곳 | 도서출판 경남

주　소 | 창원시 마산합포구 몽고정길 2-1
연락처 | (055) 245-8818~8819
블로그 | gnbook.tistory.com
이메일 | gnbook@empas.com
등　록 | 제567-1호(1985. 5. 6.)
편집팀 | 오태민 | 심경애 | 구도희

ISBN 978-89-7675-003-7-03810

〔값 16,000원〕